사막의 작은 표범 레오파드 게코

The Leopard Gecko Manual

From the Experts at Advanced Vivarium System® by Philippe de Vosjoli with Roger Klingenberg, D.V.M., Ron Tremper, and Brain Viets, Ph.D.
Copyright ⓒ 2005 by i~5 Publishing LLC
All rights reserved.

This Korean edition was published by SimileBooks in 2015 by arrangement with Advanced Vivarium Systems, Inc. through Sinwon Agency, Seoul.

이 책의 한국어판 저작권은 신원에이전시를 통해 저작권자와 독점 계약한 씨밀레북스가 소유하고 있습니다. 저작권법에 의해 한국 내에서 보호를 받는 저작물이므로 무단전재와 무단복제를 금합니다.

사막의 작은 표범 레오파드 게코

2015년 03월 20일 초판 1쇄 펴냄
2024년 12월 10일 초판 6쇄 펴냄

제작기획 | 씨밀레북스
책임편집 | 김애경
지은이 | 필립 드 보졸리 로지 글린겐베르그·본 트램퍼
옮긴이 | 이수현
펴낸이 | 김훈
펴낸곳 | 씨밀레북스
출판등록일 | 2008년 10월 16일
등록번호 | 제311-2008-000036호
주소 | 서울시 서대문구 충정로 53 골든타워빌딩 1318호
전화 | 02-3147-2220/2221 **팩스** | 02-2178-9407
이메일 | cimilebooks@naver.com
웹사이트 | www.similebooks.com

ISBN | 978-89-97242-05-9 13490

이 책은 저작권법에 따라 보호받는 저작물이며,
무단전재와 무단복제는 법으로 금지돼 있습니다.
※값은 뒤표지에 있습니다.

마니아를 위한 PET CARE 시리즈

12

사막의 작은 표범

레오파드 게코

Leopard Gecko

필립 드 보졸리·론 트램퍼 지음 | 이수현 옮김 | 문대승 감수

씨밀레북스

prologue

당신이 만날 수 있는 **최고의 반려도마뱀**

1990년 필자가 레오파드 게코에 관한 첫 번째 서적을 출간한 이후, 레오파드 게코 사육문화에 있어서 급격한 변화가 이뤄졌다. 파충류시장에서 레오파드 게코는 최고의 반려도마뱀으로 각광을 받는 대변혁을 겪었으며, 레오파드 게코는 이제 파충류 버전의 사랑앵무나 금붕어와 같은 존재가 됐다(금붕어와 마찬가지로 잰시즘-황색소포라는 세포에 의해 생산된 노란색과 오렌지색 피부색소가 우위를 가짐-을 위한 선택적 번식을 통해 순치의 과정에 돌입). 이러한 변화에 발맞춰 전문가들의 도움과 조언이 필요한 내용에 관해 최신의 정보를 다룰 필요가 있었기 때문에 다시금 본서를 출간하기에 이르렀다.

요즘은 파충류시장에서 정말 많은 종류의 레오파드 게코 모프를 만나볼 수 있게 됐고, 앞으로도 계속해서 더 많은 종이 개량돼 나올 것이다. 화려한 금붕어나 잉어의 경우처럼 훌륭한 모프의 레오파드 게코는 브리더들로부터 각광을 받게 되고, 분양가도 매우 높게 형성돼 있다. 애완화된 여러 종류의 동물과 마찬가지로 레오파드 게코는 이러한 노력에 특히 적합한 특성을 가지고 있는데, 이는 관리와 번식이 쉽고 잠재수명이 긴 모든 도마뱀 종이 지닌 특성 중 하나라고 볼 수 있다.

레오파드 게코는 파충류 애호가들에게 있어서 최고의 반려도마뱀이라고 할 수 있다. 핸들링하기에 용이하고 일반적인 가정에서 작은 공간을 할애해 기르기 알맞은 크기를 지닌 도마뱀으로서 부드러운 질감의 피부와 반짝이는 금색의 눈, 살아 있는 예술의 형태로 발전된 다른 많은 동물과 마찬가지로 매우 다양한 색상과 패턴을 지니고 있다. 또한, 파충류를 대상으로 한 기준에서 볼 때 좋은 성격을 지니고 있으며, 성체가 될 즈음이면 대부분의 레오파드 게코가 매우 유순하고 움직임이 느리며 신중하다. 이러한 여러 가지 장점들로 인해 앞으로도 레오파드 게코는 파충류를 기르려는 많은 애호가들에게 꾸준히 사랑을 받게 될 것으로 보인다.

본서에 수록된 여러 분야의 정보들은 공동저자들의 도움을 받아 완성한 것이다. 이미 여러 저서에서 필자와 함께한 오랜 친구 로저 클린겐베르크(Roger Klingenberg), 인기 있는 디자이너 모프를 다수 개량한 레오파드 게코 순치의 선구자 론 트램퍼(Ron Tremper), '레오파드 게코의 성결정과 피부착색에 대한 온도의 영향' 전문가 브라이언 비에츠(Brian Viets) 박사에게 이 자리를 빌어 감사를 드린다. 이들은 자신이 집필한 각각의 챕터뿐만 아니라 본서의 전반에 걸쳐 정보를 보완하는 데 기여했다. 또한, 다양한 정보와 귀중한 사진 등을 기꺼이 제공해준 많은 전문브리더들과 빌 브란트(Bill Brant), 데이비드 니브(David Nieves), 팀 레인워터(Tim Rainwater), 데이비드 노스코트(David Northcott), 빌 러브(Bill Love), 리차드 바틀렛(Richard Bartlett), 마크 리쇽(Mark Leshock), 톰 와이너(Tom Weidner), 숀 맥케온(Sem McKeown)에게 감사한다.

필립 드 보졸리

contents

Prologue 6

Chapter 1 레오파드 게코의 생물학적 특성

section 1 레오파드 게코의 정의와 기원, 유래 12
레오파드 게코의 정의 | 레오파드 게코의 학문적 분류 | 진성눈꺼풀게코과의 분류학적 특성 | 레오파드 게코의 사육 현황

section 2 레오파드 게코의 생태 20
레오파드 게코의 서식지 | 레오파드 게코의 크기와 수명 | 레오파드 게코의 성장 | 레오파드 게코의 먹이활동 | 레오파드 게코의 성별 | 레오파드 게코의 번식

section 3 레오파드 게코의 행동과 습성 28
사육장 기어오르기 | 은신하기 | 소리 지르기 | 꼬리 물기 | 꼬리 흔들기 | 혀 날름거리기 | 단독생활 | 악명 높은 텃세 | 교미행동과 구애 | 외부환경에 대한 반응

Chapter 2 레오파드 게코 사육의 기초

section 1 반려동물로서의 레오파드 게코 38
패턴과 색상이 다양하다 | 분양받기가 쉽다 | 크기가 이상적이다 | 관리가 비교적 쉽다 | 성격이 독특하다 | 핸들링이 용이하다

section 2 레오파드 게코 기르기 전 고려사항 44
관리에 소요되는 시간 | 분양에 소요되는 비용 | 긴 수명과 사육주의 라이프사이클 | 살모넬라균과 관련된 문제

section 3 레오파드 게코의 선별법 48
건강상태 및 외형 확인 | CB, WC 여부 확인 | 관리 상태 확인 | 분양처 확인

section 4 자신과 맞는 개체 선택하기 54
성별의 선택 | 사육 마릿수의 선택 | 모프의 선택 | 크기(나이)의 선택

Chapter 3 레오파드 게코 사육장의 조성

section 1 사육장 조성에 필요한 용품 60
사육장 | 바닥재(모래/타일과 평평한 돌/자갈/신문지, 키친타월, 부직포/파충류 카펫) | 조명 | 열원(파충류용 히팅 매트/램프형/록히터) | 은신처 | 기타 사육용품들

section 2 자연에 가까운 비바리움 디자인 74
비바리움을 위한 사육장의 선택 | 조경 및 구조물 | 살아 있는 식물 | 조명과 열원 | 다른 동물과의 합사

Chapter 4 레오파드 게코의 일반적인 관리

section 1 사육장 및 사육환경 관리 88
조명 관리 | 온도 관리 | 습도 관리 | 청소 관리 | 안전 관리

section 2 먹이의 급여와 영양관리 100
먹이의 종류(귀뚜라미/밀웜/왁스웜/실크웜/두비아 로치/야생에서 채집한 곤충) | 식단의 선택과 준비 | 먹이급여방법 | 먹이급여시간 | 먹이급여횟수 | 먹

이급여량 I 수분 공급 I 비타민/미네랄보충제의 공급 I 것-로딩과 더스팅

section 3 탈피와 꼬리 손실 120
탈피의 시작과 탈피주기 I 탈피부전의 원인과 대책 I 꼬리 자절(caudal autotomy)의 원인과 대책

Chapter 5 레오파드 게코의 건강과 질병
section 1 질병의 징후와 예방 126
건강이 좋지 않은 개체의 징후 I 스트레스와 질병의 발생 I 질병예방을 위한 일상적인 점검 I 진료 가능한 수의사 확보 및 진단

section 2 흔히 걸리는 질병 및 대책 132
저칼슘혈증(hypocalcemia, 대사성 골질환) I 위장질환 I 콕시디아증(Coccidiosis) I 세균감염 및 내부기생충감염 I 발가락감염 및 피부감염 I 구내염 I 호흡기감염 I 소화관 협착 I 에그 바인딩(egg binding, 알 막힘) I 생식기 탈출증 I 싸움으로 인한 부상

Chapter 6 레오파드 게코의 번식과 실제
section 1 레오파드 게코의 성별구분법 146
머리 크기 차이에 의한 암수구분 I 서혜인공 발달 차이에 의한 암수구분 I 반음경 유무에 의한 암수구분

section 2 레오파드 게코 번식 전 준비 152
번식 전 암수의 격리 I 번식 가능한 크기로 양육 I 번식에 적절한 시기 I 번식 전 레오파드 게코의 상태 I

번식의 방법과 선택 | 번식기간을 위한 식단 | 성공적인 번식을 위한 요건

section 3 번식의 과정 160
교미(mating) | 산란 | 알상자의 세팅 | 알의 수거와 이동 | 인공부화 | 알의 관리 | 부화 이후 유체의 관리

section 4 부화온도와 성별 결정 184
부화온도에 따른 성별 결정 | 부화기간과 가능한 부화온도 | 높은 부화온도와 암컷의 행동 | 색소침착에 미치는 부화온도 및 유전력의 영향

section 5 전문적인 브리딩 190
번식개체군의 선택 | 수컷의 가치 | 기록의 유지 | 번식개체군의 관리

Chapter 7 레오파드 게코의 주요 종
section 1 모프의 분류 196
디자이너 레오파드 게코의 탄생 | 새로운 모프의 선택 | 선택적 번식의 다양성과 부작용

section 2 패턴에 따른 모프 200
노멀(Normal) | 정글(Jungle) | 스트라이프(Striped) | 역스트라이프(Reverse stripe) | 패턴리스(Patternless)

section 3 색상에 따른 모프 206
하이 옐로우(High yellow) | 오렌지/탠저린(Orange/Tangerine) | 랩터(R.A.P.T.O.R.) | 화이트(White) | 라벤더(Lavender) | 고스트(Ghost) | 멜라니스틱(Melanistic) | 아멜라니스틱(Amelanistic) | 루시스틱(Leucistic) | 스노우(Snow)

부록: 눈꺼풀게코의 여러 가지 종
section 1 아프리칸 팻테일 게코 218
생물학적 특성 | 새로운 환경에 적응시키기 | 사육장 환경의 조성 | 먹이의 급여 | 아프리칸 팻테일 게코의 번식

section 2 기타 눈꺼풀게코들 226
아프리칸 클로드 게코(African clawed gecko) | 재패니즈 레오파드 게코(Japanese leopard gecko) | 말레이시안 캣 게코(Malaysian cat gecko) | 센트럴 아메리칸 밴디드 게코(Central American banded gecko) | 투손 밴디드 게코(Tucson banded gecko), 텍사스 밴디드 게코(Texas banded gecko)

Chapter 01

레오파드 게코의
생물학적 특성

레오파드 게코의 기원 및 신체적인 특성과 기본적인 생태에 대해 살펴보고 레오파드 게코 특유의 행동과 습성에 대해 알아본다.

01 section

레오파드 게코의
정의와 기원, 유래

레오파드 게코(Leopard gecko, *Eublepharis macularius*)는 아프가니스탄, 이란, 파키스탄, 인도, 네팔의 바위가 많은 건조한 초원과 사막지대에 서식하는 지상성 도마뱀이다. 현재 비어디드 드래곤(Bearded dragon, *Pogona vitticeps*)과 더불어 파충류 애호가들에게 가장 많은 사랑을 받고 있는 반려도마뱀이며, 크기도 작고 사육난이도가 비교적 낮기 때문에 초보사육자들에게 파충류 입문종으로 적극 추천되는 게코 종이다. 사육 하에서 광범위하게 번식되고 있어서 종종 애완화된 최초의 도마뱀 종으로 언급되기도 한다. 이번 섹션에서는 레오파드 게코가 어떤 동물인지 알 수 있는 기본적인 사항들에 대해 먼저 살펴보도록 한다(편집자 주 : 레오파드 게코라는 이름은 우리말로 옮기면 표범도마뱀부치[1]라고 할 수 있지만, 레오파드 게코라는 영어명이 이미 정착돼 사용되고 있기 때문에 실생활에서 인식되지 못하는 경우가 많으므로 본서에서는 영어명 그대로 사용하기로 하며, 파충류 애호가들 사이에서 애칭으로 불리는 레게라는 표현을 혼용하도록 한다).

---

1 2015년 현재 '환경부 지정 파충류 국명'에서 기존의 도마뱀붙이로 명명하던 것이 도마뱀부치로 변경됨으로써 본서에서는 이를 기준으로 표기하도록 한다.

레오파드 게코의 정의

레오파드 게코가 속한 진성눈꺼풀게코과(Eublepharidae)는 움직이는 눈꺼풀을 지닌 게코과로서 '눈꺼풀게코'라고도 불린다.

레오파드 게코는 도마뱀이며, 도마뱀은 현재 다양성을 기준으로 봤을 때 가장 번성한 파충류로서 약 4000종이 기록돼 있다. 레오파드 게코의 학명인 에우블레파리스 마쿨라리우스(*Eublepharis macularius*)의 어원은 그리스어로서 글자 그대로 풀이하면 Eu=good/true(좋은/진정한), blephar=eyelid(눈꺼풀), macularius=spotted(반점)를 의미하며, '진짜(움직이는) 눈꺼풀을 가지고 있는 반점 도마뱀'이라는 뜻이 된다.

파충류시장에서 레오파드 게코는 때때로 인디언 팻테일 게코(Indian fat-tailed gecko) 또는 파키스탄 팻테일 게코(Pakistani fat-tailed gecko)라는 이름으로 분양되기도 한다. 일부 학술서적에서는 레오파드 게코를 스포티드 팻테일 게코(Spotted fat-tailed gecko)로 기술하고 있는 것을 볼 수 있다. 게코라는 이름은 인도네시아에서 게코도마뱀을 부르는 말인 토켁(tokek)에서 유래됐다.

레오파드 게코의 학문적 분류

레오파드 게코(Leopard gecko, *Eublephahs macularius*)는 파충강(Reptilia), 뱀목(Squamata, 유린목), 도마뱀아목(Lacertilia), 진성눈꺼풀게코과(Eublepharidae, 이 과의 게코들은 눈꺼풀게코-Eyelid gecko-라고도 불린다)[2]에 속하며, 움직이는 눈꺼풀을 가진 모든 게코가 진성눈꺼풀게코과에 포함된다. 진성눈꺼풀게코과에 속하는 게코들은 발가락의 빨판(박막층, lamella; 발가락 바닥의 털 같은 비늘돌기가 있는 작은 접착패드)이 없기 때문에 매끄럽고 수직인 표면을 기어 올라갈 수가 없다.

---

[2] 레오파드 게코는 모든 게코가 속해 있는 도마뱀부치과(Gekkonidae)로 분류됐으나, 최근 도마뱀부치과로부터 다시 움직이는 눈꺼풀의 유무로 세분해서 도마뱀부치과와 진성눈꺼풀게코과로 나눠짐에 따라 진성눈꺼풀게코과(Eublepharidae)로 분류된다.

진성눈꺼풀게코과는 다시 진성눈꺼풀게코아과(Eublepharinae)와 고양이게코아과(Aeluroscalabotinae)의 두 개 아과로 나뉘며, 6개속(Aeluroscalabotes, Coleonyx, Eublepharis, Goniurosaurus, Hemitheconyx, Holodactylus) 32종(2015년 현재, reptile database.org 기준)으로 구성된다. 고양이게코(Cat gecko, Aeluroscalabotes felinus)로 알려진 단 한 종을 제외하고, 움직이는 눈꺼풀을 가진 모든 게코 종이 진성눈꺼풀게코아과에 포함된다. 인도네시아, 말레이시아, 싱가포르, 캄보디아, 태국 등에서 발견된 희귀한

레오파드 게코의 분류
• **강**(綱, class) : Reptilia(파충강)
• **목**(目, order) : Squamata(뱀목, 유린목)
• **아목**(亞目, suborder) : Lacertilia(도마뱀아목)
• **하목**(下目, infraorder) : Gekkota(도마뱀하목)
• **과**(科, family) : Eublepharidae(진성눈꺼풀게코과)
• **아과**(亞科, subfamily) : Eublepharinae(진성눈꺼풀게코아과)
• **속**(屬, genus) : Eublepharis(진성눈꺼풀게코속)
• **종**(種, species) : macularius(레오파드종)
※**도마뱀하목**(Gekkota)**에 속하는 과**
Gekkonidae(Geckos), Carphodactylidae, Diplodactylidae, Eublepharidae(Eyelid geckos), Phyllodactylidae, Sphaerodactylidae, Pygopodidae(Legless lizards)

종인 고양이게코는 그 자신이 유일한 고양이게코아과로 분류된다. 현재 미국에서 몇몇 애호가들에 의해 유지·번식되고 있는 종이며, 고양이게코라는 이름은 잠을 잘 때 마치 고양이와 비슷하게 꼬리를 말아 올리는 습성 때문에 붙여졌다.

파충류시장에서 진성눈꺼풀을 가진 게코로 잘 알려진 다른 종류로는 아메리카 대륙의 밴디드 게코(Banded geckos, Coleonyx spp.)를 들 수 있으며, 일본눈꺼풀게코(Japanese eyelid gecko, Goniurosaurus kuroiwae), 하이난눈꺼풀게코(Hainan eyelid gecko, Goniurosaurus lichtenfelderi), 아프리칸 팻테일 게코(African fat tailed gecko, Hemitheconyx caudicinctus)와 가끔 수입이 이뤄지는 아프리칸 클로드 게코(African clawed gecko, Holodactylus africanus)도 포함된다.

진성눈꺼풀게코과의 분류학적 특성

레오파드 게코와 함께 진성눈꺼풀게코과에 속하는 대표적인 게코는 밴디드 게코(Banded geckos)와 팻테일 게코(Fat-tailed geckos)이며, 이들은 가장 원시적인 형태의 게코류로 볼 수 있다. 앞서 언급했듯이, 진성눈꺼풀게코과에 속하는 게코들은 유일하게 기능적인 눈꺼풀을 지니고 있으며, 이러한 이유로 눈꺼풀게코(Eyelid gecko)

라고 불리게 됐다. 레오파드 게코를 포함해 대부분의 눈꺼풀게코들은 몸은 원통형이고, 머리는 크고 독특하며 튀어나온 눈으로 덮여 있다는 공통적인 특징을 가지고 있다. 피부는 꺼끌꺼끌한 과립형태를 띠고 많은 무늬가 포함돼 있는데, 이러한 피부 질감과 흩어진 무늬는 포식자가 이들을 기피하도록 만드는 요소로서 스스로를 은폐함으로써 포식자로부터 보호하는 기능을 한다.

진성눈꺼풀게코과(Eublepharidae)에 속하는 종
자료출처 : reptile-database.org(2015년 현재)

Cat gecko, *Aeluroscalabotes felinus* (Günther, 1864)
Texas banded gecko, *Coleonyx brevis* (STEJNEGER, 1893)
Yucatan banded gecko, *Coleonyx elegans* (GRAY, 1845)
Black banded gecko, *Coleonyx fasciatus* (BOULENGER, 1885)
Isla San Marcos barefoot banded gecko, *Coleonyx gypsicolus* (GRISMER& OTTLERY, 1988)
Central American banded gecko, *Coleonyx mitratus* (PETERS, 1863)
Reticulate banded gecko, *Coleonyx reticulatus* (DAVIS & DIXON, 1958)
Switak's banded gecko, *Coleonyx switaki* (MURPHY, 1974)
Western banded gecko, *Coleonyx variegatus* (BAIRD, 1858)
Iraqui eyelid gecko, *Eublepharis angramainyu* (ANDERSON & LEVITON, 1966)
Westindischer leopard gecko, *Eublepharis fuscus* (Börner, 1974)
East Indian leopard gecko, *Eublepharis hardwickii* (GRAY, 1827)
Common leopard gecko, *Eublepharis macularius* (BLYTH, 1854)
Turkmenistan eyelid gecko, *Eublepharis turcmenicus* (DAREVSKY, 1977)
Vietnamese leopard gecko, *Goniurosaurus araneus* (GRISMER, VIETS & BOYLE, 1999)
Bawangng leopard gecko, *Goniurosaurus bawangngensis* (GRISMER, HAITAO, ORLOV & ANAJEVA, 2002)
Cat Ba leopard gecko, *Goniurosaurus* catbaensis (ZEGLER, TRUONG, SCHMITZ, STENKE, **Rösler**, 2008)
Hainan-Krallen gecko, *Goniurosaurus hainanensis* (BARBOUR, 1908)
Goniurosaurus huuliensis (ORLOV, RYABOV, NGUYEN, NGUYEN & HO, 2008)
Kuroiwa's eyelid gecko, *Goniurosaurus kuroiwae* (NAMIYE, 1912)
Goniurosaurus liboensis (WANG, YANG & GRISMER, 2013)
Lichtenfelder's gecko, *Goniurosaurus lichtenfelderi* (MOCQUARD, 1897)
Chinesischer leopard gecko, *Goniurosaurus luii* (GRISMER, VIETS & BOYLE, 1999)
Goniurosaurus orientalis (MAKI, 1931)
Goniurosaurus splendens (NAKAMURA & UANO, 1959)
Goniurosaurus toyamai (GRISMER, OTA & TANAKA, 1994)
Goniurosaurus yamashinae (OKADA, 1936)
Yingde leopard gecko, *Goniurosaurus yingdeensis* (WANG, YANG & CUI, 2010)
Fat-tail gecko, *Hemitheconyx caudicinctus* (DUMERIL, 1851)
Taylor's Fat-tail gecko, *Hemitheconyx taylori* (PARKER, 1930)
African whole-toed gecko, *Holodactylus africanus* (BOETTGER, 1893)
Somalia-Krallen gecko, *Holodactylus cornii* (SCORTECCI, 1930)

모든 게코 종에서 눈은 투명한 덮개로 덮여 있는데, 이 덮개는 눈꺼풀과 융합돼 있기 때문에 눈은 항상 떠 있는 상태를 유지한다. 눈꺼풀이 없어 눈을 깜빡일 수가 없으므로 대부분의 게코 종은 길고 유연한 혀를 이용해 덮개를 깨끗이 청소한다. 눈꺼풀을 움직일 수 있는 눈꺼풀게코 또한 이 같은 행동을 하는데, 레게를 처음 기르는 사육주의 경우 이러한 모습을 발견하고 놀랐던 경험이 있을 것이다. 눈동자는 주행성 게코(낮 동안 활동하는 게코)의 경우 둥근 데 반해 야행성인 레오파드 게코는 가늘고 기다란 구멍 모양을 띤다.

진성눈꺼풀게코과가 지닌 또 다른 특징은 벽을 타고 올라가는 것을 가능케 하는 발가락의 접착성 박막층(lamella), 즉 소위 빨판이 없다는

레오파드 게코는 진성눈꺼풀을 가지고 있지만, 대부분의 게코 종과 마찬가지로 혀로 눈을 청소한다.

것이다. 일반적으로 게코 종은 모두 끈적끈적한 발을 가지고 있고 어떠한 형태의 표면이라도 쉽게 타고 오를 수 있다고 생각한다. 많은 게코 종이 이러한 빨판을 가지고 있기는 하지만, 눈꺼풀게코들은 전혀 발달되지 않았다. 눈꺼풀게코의 자연서식지가 건조하고 바위가 많은 지대여서 발에 박막층이 있으면 이동하기 어렵거나 땅을 파는 데 방해될 수도 있기 때문에 자연적으로 적응한 결과로 보인다.

진성눈꺼풀게코과의 게코는 다른 게코들의 알이 전형적으로 딱딱한 껍데기를 가진 데 비해 부드러운 껍데기를 가진 알을 낳는다는 특징도 있다. 또한, 잘 발달된 큰 꼬리를 가지고 있는데, 여기에 많은 양의 지방을 저장할 수 있다. 먹이를 얻을 수 있는 기간이 짧은 가혹한 기후의 서식지에서 꼬리에 여분의 지방을 저장하는 방식을 채택함으로써, 먹이를 구할 수 없는 시기에 생명을 유지할 수 있게 되는 것이다. 레오파드 게코가 지닌 이러한 생존적응력은 사육 하의 관리를 수월하게 만들어줌으로써 반려동물로 기르기에 매우 적합한 요소가 된다.

특이한 레오파드 게코

에우블레파리스속(*Eublepharis*)에 속하는 모든 종은 레오파드 게코로 알려져 있다. 파충류시장에서 분양되는 일반적인 레오파드 게코 외에 투르크멘 레오파드 게코(Turkmenian leopard gecko, *E. turcmenicus*), 동인도 레오파드 게코(East Indian leopard gecko, *E. hardwickii*), 이란 레오파드 게코(Iranian leopard gecko, *E. angramainyu*-코에서 항문까지 길이가 17cm에 이른다), 최근에 기술된 서부 인도 레오파드 게코(West Indian leopard gecko, *E. fuscus*)가 있다. 서부 인도 레오파드 게코는 애호가들에게 흥미를 일으키는 종으로서 다스가 종으로 승격 (Das 1997)시키기 전까지는 레오파드 게코(Leopard gecko)의 아종(*H. macularius fuscus*)으로 묘사됐다 (Borner 1981). 서부 인도 레오파드 게코는 코에서 항문까지의 길이, 즉 SVL(snout-to-vent length)이 약 25cm로 가장 큰 레오파드 게코에 속한다.

레오파드 게코의 사육 현황

게코 종은 오랜 세월 동안 인간과 밀접한 관계 속에 살고 있으며, 세계의 여러 지역에 걸쳐 인가 근처에서 인간과 더불어 살아가는 게코를 쉽게 발견할 수 있다. 이 게코들은 먹이인 곤충을 쫓아서 인간의 거주지를 방황하는 야생 게코로서 벌레를 잘 먹어치우기 때문에 대부분의 가정에서 환영을 받는다.

오늘날 반려동물로 기를 수 있는 대부분의 레오파드 게코는 원래 아프가니스탄, 이란, 파키스탄의 사막지역 출신이다. 레게는 미국 내에서 1970년 이후 번식시켜왔으며, 현재는 국외로부터 새로운 레게를 수입하는 것보다 번식이 더 쉽다는 것이 일반적인 인식이 됐다. 레게를 번식시키는 일은 비교적 간단하기 때문에 많은 브리더들이 고유의 크기, 컬러, 서로 다른 특성들을 가진 모프를 꾸준히 개량해왔다. 게코의 많은 종들이 사육 하에서 번식이 잘 되고 관리하기도 쉽기 때문에 특히 인기가 높아져갔는데, 그중 가장 인기 있는 반려게코 종이 바로 레오파드 게코다. 현재 도마뱀을 분양하는 거의 모든 파충류 숍에서는 레게를 취급하고 있으며, 전문사육가는 물론 초보사육가도 무리 없이 기를 수 있는 게코 종이다.

레오파드 게코는 관리에 있어서 요구되는 사항이 매우 구체적이지만, 개나 고양이와는 달리 누군가 돌봐주는 사람이 없어도 며칠 동안은 혼자 지낼 수 있기 때문에 사육에 있어서 그다지 어려운 점은 없다. 조명은 타이머를 장착해 조정해놓으면 되고, 먹이와 물은 주인이 떨어져 있는 동안 레게가 필요로 하는 만큼 먹이그릇과 물그릇에 담아 사육장에 넣어두면 된다. 또한, 레게는 살아가는 데 있어서 주인과의 상호교감을 필요로 하지 않는다. 이처럼 레게는 반려파충류로서 지니고 있는 장점들이 많기 때문에 앞으로도 레게의 인기는 꾸준하게 늘 것으로 전망된다.

02 section

레오파드 게코의 생태

레오파드 게코는 수명이 매우 긴 도마뱀이므로 오랫동안 건강하게 기르기 위해서는 레오파드 게코가 지닌 특성과 습성을 제대로 파악하고 관리에 주의를 기울여야 한다. 이번 섹션에서는 레오파드 게코에 대한 이해를 돕기 위해 기본적인 생태에 관해 간략하게 알아보도록 한다.

레오파드 게코의 서식지

레오파드 게코의 자연서식지는 이란, 아프가니스탄, 파키스탄을 거쳐 서쪽에 있는 이라크 그리고 서부 인도 사막지역까지 뻗어 있다. 레오파드 게코가 살고 있는 서식지의 환경은 해발고도 2500m 이상의 바위가 많은 사막과 관목 숲이 포함된다. 서식지의 지형은 모래자갈부터 모래가 덮여 있는 경질의 점질토까지 다양하게 분포돼 있으며, 식물은 관목과 풀로 구성돼 있다. 최근 몇 년 동안에는 아프가니스탄에서 일부가 수입된 것으로 언급되기도 하지만, 초기 사육개체의 대부분은 파키스탄에서 수입된 것들이다(미국 기준).

레오파드 게코는 땅 위와 땅속에서 살아가는 육상도마뱀으로 주변의 사물을 타고 오르는 모습을 거의 보이지 않는데, 올라타는 행동을 할 때는 다소 어색할 수 있다. 바위 밑과 땅 밑 구멍에 숨어 있는 것을 좋아하며, 낮 동안에는 은신처에 몸을 숨기고 해질녘에 활동하기 시작한다. 레오파드 게코가 서식하는 지역은 겨울철에는 추워지기 때문에 이른 겨울부터 이른 봄까지는 땅 밑에 숨어 지낸다. 파키스탄의 페샤와르(Peshawar; 파키스탄 북서부 노스웨스트프런티어주의 주도) 지역은 1월에는 밤에 5℃까지 떨어지고 낮 동안은 15℃까지 상승하며, 여름에는 상당히 무더워진다. 가장 더운 달에는 기온이 낮에는 40℃까지 올라가고, 밤에는 25℃까지 떨어진다.

레오파드 게코의 크기와 수명

레오파드 게코의 크기는 갓 태어난 해츨링(hatchling)의 경우 보통 몸길이가 7~10cm이고 몸무게는 2~5g 정도이며, 주버나일(juvenile)의 경우 몸길이는 15cm 내외에 몸무게는 30~35g 정도 된다. 성체(adult)의 경우 암수에 있어서 차이가 난다. 성체 암컷은 몸길이 18~20cm에 몸무게는 45~60g이며, 성체 수컷은 몸길이가 20~25cm에 몸무게는 60~80g 정도 되는데, 최대 30cm 이상까지 성장할 수도 있다.

사육 하에서 레오파드 게코는 균형 잡힌 식단과 쾌적한 사육환경을 제공하고 모니터링을 통해 적절하게 건강관리를 해준다면, 20년 이상 살 수 있는 수명이 매우 긴 도마뱀이다. 28살 된 수컷에 대한 기록도 있고, 본서의 공동저자인 론 트램퍼(Ron Tremper, 레게 전문브리더)는 자신이 인공번식한 29살짜리 수컷에 대해 보고한 바 있다. 암컷은 일반적으로 수컷보다 수명이 짧으며, 암컷에 대한 현재의 장수기록을 보면 21년 10개월(Slavens&Slavens, 1997)이 최고령이다. 무려 30년까지 장수한 사례도 있기는 하지만, 그 정도로 오래 사는 경우는 일반적으로 매우 드물다고 볼 수 있겠다.

자연상태의 레오파드 게코의 수명은 정확하게 알려져 있지 않지만, 야생에서는 포식자

> **크기에 따른 명칭**
>
> - **해츨링**(hatchling) : 유체. 갓 태어났거나 자그마한 새끼 개체를 의미한다.
> - **주버나일**(juvenile) : 준성체, 아성체. 어느 정도 성장한, 성적으로 성숙하지 않은 청년기의 개체를 의미한다.
> - **어덜트**(adult) : 성체. 성적으로 성숙하고 완전히 성장한 개체를 의미한다.

레오파드 게코는 사육 하에서 적절하게 관리만 된다면 20년 이상 장수하는 반려도마뱀이다.

(여우, 뱀, 맹금류와 같은 야행성 포식동물들), **질병**, **부상**(사육 하에서라면 일반적으로 피할 수 있는 유형의 부상) 등의 요인으로 인해 인공사육 하에서보다 수명이 훨씬 짧다는 것만은 분명한 사실이다. 또한, 가뭄 및 폭우와 같은 자연재해 그리고 레오파드 게코의 서식지로 침범하는 인간 등이, 오랜 기간 동안 야생에서 살아남기 위한 레오파드 게코들의 생존력을 제한하는 요소로 작용해왔다.

레오파드 게코의 성장

크기가 큰 종류의 도마뱀과 비교했을 때 레오파드 게코의 상대적인 성장률을 보면, 해츨링에서 성체로 자라기까지 몸무게가 약 20배 정도 증가하는 것을 확인할 수 있다. 갓 태어난 해츨링의 무게는 2~5g이고, 성체로 자랐을 때 일반적으로 45~80g이며 100g까지 도달할 수도 있다. 보통 몸무게가 35g 정도 되면 성성숙에 이르며, 약 18개월이면 성체의 크기로 자라게 된다.

레오파드 게코의 먹이활동

자연상태의 레오파드 게코는 낮에는 바위 아래나 돌 틈새에 은신해 있다가 해질녘이 되면 활동을 시작한다. 사육 하에서도 이와 유사한 리듬으로 활동하게 되므로 해질녘에 먹이를 제공해주는 것이 가장 좋다. 이때 사육주는 자신의 레오파드 게코가 먹이를 먹고 주위를 탐색하는 등 자연스럽게 움직이는 모습을 관찰할 수 있다.

보통 사육장 내에 있는 일광욕등에 타이머를 달아 이른 저녁시간에 꺼질 수 있도록 세팅을 하는데, 세팅된 시간에 따라 조명이 꺼지면 곧바로 레게가 활동하기 시작할 것이다. 사육장이 있는 방 안에 조명이 켜져 있다 하더라도 너무 밝지만 않다면

야행성인 레오파드 게코는 낮에는 은신해 있다가 해질녘이 되면 먹이활동을 시작한다.

해질녘에 모습을 드러낼 것이다. 배가 고픈 레오파드 게코는 먹이곤충을 발견하면 즉시 생기를 차리고 몸을 높이 일으켜 세워 자세하게 확인한 다음, 천천히 먹이곤충에게 접근하게 된다. 몰래 접근하는 과정에서 보이는 꼬리의 움직임은 놀라울 정도로 부드러운데, 이때 몸은 그대로 정지한 채 느린 뱀처럼 움직이는 꼬리의 동작이 먹이곤충에게 최면을 유도하는 기능을 하기도 한다.

레오파드 게코의 성별

레오파드 게코는 암수 간에 약간의 성적 이형성(sexual dimorphism, 암수 개체의 외부형태가 완전히 구분돼 나타나는 성질)이 나타나는데, 수컷은 암컷에 비해 몸이 좀 더 육중하고 약간 더 넓은 머리와 두꺼운 목을 가지고 있다. 그러나 이러한 특성은 그 차이가 확연하지 않기 때문에 정확하게 성별을 구분하기는 어려우며, 항문 부근에 있는 서혜인공과 반음경을 확인하는 것이 성별을 구분할 수 있는 가장 확실한 방법이다.

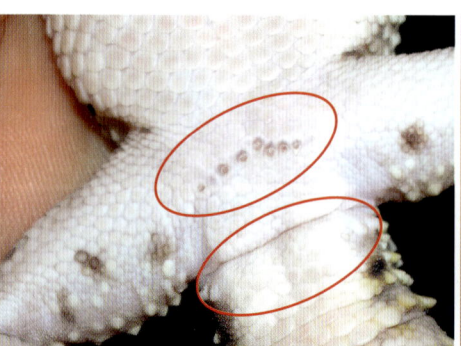 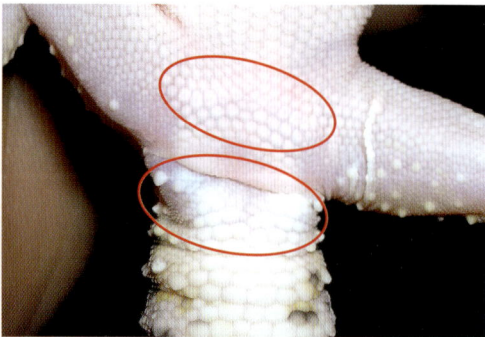

레오파드 게코 수컷과 암컷의 꼬리 시작부분 비교. 수컷(왼쪽)은 서혜인공과 반음경이 들어 있는 부푼 돌기를 볼 수 있고, 암컷(오른쪽)은 이와 같은 두 가지 특징이 나타나지 않는 것을 확인할 수 있다.

수컷은 항문 위쪽에 왁스 같은 물질이 분비되는 V자 모양의 구멍, 즉 서혜인공(鼠蹊鱗孔, femoral pore; 분비샘이 있는 조그만 돌기 같은 비늘)이 있으며, 성숙한 수컷의 경우 꼬리가 시작되는 부분을 보면 반음경이 들어 있는 한 쌍의 부푼 돌기(hemipenal, 수컷의 생식기관)를 확인할 수 있다. 이와는 대조적으로 암컷의 경우 서혜인공이 수컷에 비해 매우 작고, 꼬리가 시작되는 부분에 있는 한 쌍의 부푼 돌기도 없다. 생후 한 달 정도 지난 주버나일 개체의 경우는 서혜인공을 확장시키는 검사를 통해 약간 안정성 있게 성별을 구분할 수 있다(암컷 해츨링의 서혜인공은 거의 징후만 남아 있다).

레오파드 게코의 번식

대부분의 파충류와 마찬가지로 레오파드 게코의 번식 가능 여부를 결정하는 데 있어서 중요한 것은, 성성숙에 도달한 개체를 기준으로 볼 때 나이보다는 크기를 확인해 판단해야 한다는 점이다. 레오파드 게코는 일반적으로 몸무게가 약 35g 정도 되면 성성숙에 도달하는데, 대부분의 브리더들은 자신의 레게를 번식시키기 전에 약 40g이 될 때까지 성장시킨다. 레게는 그들이 성장하는 환경의 온도에 따라 10~24개월 사이에 성성숙에 도달하며, 사육 하의 대부분의 레게는 14~18개월 사이에 처음으로 번식을 시작하게 될 것이다. 레게는 보통 한 클러치(clutch, 우리말로는 일소란一巢卵이라고 표현하며, 한 둥지 속에 낳은 알 전체를 말함)에 2개의 알을 생산하는데, 번식 첫 해에는 1~3개의 클러치를 생산하고, 성장하면 5개까지 생산한다.

게코 종의 독특한 신체적 특성

게코 종들은 파충류에서 보이는 공통적인 특징을 가지고 있기도 하지만, 아래와 같이 다른 도마뱀과는 다소 구별되는 게코만의 독특한 신체적 특성들을 지니고 있다.

- **머리** : 대부분의 다른 도마뱀이 몸 쪽으로 자연스럽게 흐르는 것처럼 보이는 V자 모양의 유선형 머리를 가지고 있는 데 반해 게코 종은 삼각형 모양의 머리를 가지고 있으며, 이러한 특이한 모양의 머리를 몸통과 이어주는 뚜렷한 목을 가지고 있다.

- **눈** : 대부분의 게코 종은 야행성(주로 밤에 활동)이며, 낮에는 수직의 좁고 기다란 구멍같이 보이는 눈동자를 가지고 있다. 이러한 야행성 게코는 야간의 시력이 매우 높으며, 낮에 봤을 때 좁은 눈동자는 밤에는 거의 눈 전체를 차지할 정도로 확장된다. 게코 종의 대부분은 눈꺼풀이 융합돼 있기 때문에 눈을 깜빡일 수 없고, 이 점이 게코 종이 뱀과는 유사하지만 다른 대부분의 파충류와는 다른 특징을 띠게 만든다. 그러나 레오파드 게코와 같은 눈꺼풀게코 종은 움직일 수 있는 눈꺼풀을 가지고 있다. 모든 게코는 눈을 깨끗하게 유지하기 위해 자신의 혀로 눈 주위를 핥는다.

- **귀** : 특정 게코 종을 빛을 향해 대고 들여다보면 외이도를 통해 귀의 반대편을 볼 수 있다. 게코의 귀는 복잡하고 청력이 잘 발달돼 있을 뿐만 아니라 다른 대부분의 도마뱀보다 청력이 더 뛰어나다. 게코는 같은 종의 동료들과 효과적으로 의사소통을 할 수 있는 훌륭한 청각이 발달돼 있다. 게코는 또한 먹이를 사냥할 때, 포식자를 피하고자 할 때도 자신의 청각을 이용한다.

- **피부** : 피부는 꺼끌꺼끌한 과립형태를 띠고 있지만, 만져보면 매우 부드러운 느낌이며 상당히 얇고 섬세하다. 피부에는 무늬가 많이 들어가 있는데, 자연스럽게 부서진 형태의 무늬는 포식자로부터 자신을 보호하고 은폐하는 데 도움을 준다.

- **발** : 많은 게코 종의 발은 바닥에 접착성의 패드가 있어 거의 모든 표면에 달라붙는 것이 가능하다. 박막층(薄膜層, lamellae, 얇은 판)이라 불리는 이러한 패드는 미세한 털 같은 수천 개의 강모(剛毛, bristle; 센털)로 덮여 있으며, 이 각각의 강모는 나노크기인 압설기(spatulae)로 알려진 미세한 구조로 더욱 세분된다. 이러한 독특한 구조는 아주 작은 요철 표면이라도 올라갈 수 있게 해주는데, 이를 반데르발스 힘(van der Waals force)이라고 한다. 눈꺼풀게코는 이 패드를 가지고 있지 않지만, 패드를 가지고 있는 게코는 심지어 몸이 거꾸로 매달린 경우에도 단단하게 붙잡을 수 있다.

- **꼬리** : 게코의 가장 독특한 특징은 꼬리다. 다른 도마뱀들에서 보이는 꼬리는 길고 가느다란 데 비해 게코의 꼬리는 일반적으로 시작부분에서 가늘다가 중간부분은 두껍고 꼬리 끝에서 가늘어진다. 다른 도마뱀들처럼, 많은 게코 종들은 먹이가 부족해지는 시기를 대비해 자신의 꼬리에 지방을 저장한다. 게코의 꼬리도 자절이 가능하며, 일반적으로 뼈 내부의 골절면을 따라 자신의 꼬리를 분리함으로써 포식자를 산만하게 만든다.

- **미각과 후각** : 레오파드 게코를 포함한 도마뱀은 미각이 잘 발달돼 있는데, 다른 도마뱀과 마찬가지로 게코도 혀를 이용해 맛을 본다. 길고 넓은 혀를 뻗어 공기 중의 냄새미립자를 수집하는데, 이렇게 수집한 미립자들은 입 속으로 운반돼 구개(입천장) 위쪽에 위치한 야콥슨기관(Jacobson's organ)과 접촉하게 된다. 야콥슨기관은 게코가 맛을 보는 물질에 대해 정확한 특성을 판단할 수 있게 해준다.

03 section

레오파드 게코의 행동과 습성

파충류는 동료와 의사를 소통하기 위해 소리를 이용하는 경우는 거의 없으며, 행동과 몸짓으로 자신을 표현한다. 레오파드 게코 또한 여러 가지 행동을 보이는데, 이러한 행동에 대해 잘 인지하고 있으면 자신의 레게를 이해하는 데 많은 도움이 될 것이다. 레오파드 게코를 사육하면서 그들의 행동과 습성을 관찰하는 것은 매우 흥미로운 일이며, 레오파드 게코만이 지니고 있는 독특함은 레게 사육을 특별하고 즐거운 과정으로 만들어줄 것이다. 레오파드 게코에서 볼 수 있는 고유의 행동과 습성은 다음과 같다.

사육장 기어오르기

유리사육장에서 기르는 경우 레오파드 게코가 깨어 있는 시간에 사육장의 유리벽을 기어오르려는 시도를 하는 것을 볼 수 있는데, 이는 지극히 정상적인 행동이다. 그러나 이러한 행동은 또한 레오파드 게코가 자신의 환경에 불편함을 느끼고 있다는 징후일 수도 있기 때문에 주의 깊게 살펴봐야 한다.

사육환경이 불편한 경우에도 사육장의 벽을 기어오르려는 모습을 보이기도 하므로 주의 깊게 살피도록 한다.

자신의 레오파드 게코가 사육장 벽을 기어오르려는 모습을 보인다면, 사육장 환경이 적절하게 관리되고 있는지 세심하게 점검해야 한다. 우선 사육장 크기가 적절한지 확인하도록 한다. 사육장 크기가 너무 작을 경우 레오파드 게코는 좀 더 넓은 공간을 확보하기 위해 사육장을 기어오르는 행동을 할 수 있다. 또한, 사육장 내의 환경이 비자극적인지도 확인한다. 레오파드 게코는 자신의 사육장 환경이 너무 단조롭고 자극이 전혀 없을 경우 싫증을 느낄 수도 있으므로 필요한 용품들과 함께 기어오르거나 숨을 수 있는 구조물을 넣어주는 것이 바람직하다.

대부분의 동물은 유리라는 것이 무엇인지, 왜 통과할 수 없는지 이해하지 못한다. 따라서 유리벽을 기어오르려고 하는 것은 레오파드 게코가 유리를 인식하지 못해서 나타나는 행동일 수도 있고, 또는 벽면의 일부가 열린 경우 사육장을 벗어날 수 있는지 확인하기 위해 탐색을 시도하는 행동일 수도 있다.

은신하기

은신은 레오파드 게코를 관찰하는 사육주의 입장에서는 그다지 특별한 행동은 아니지만, 레오파드 게코에 있어서는 매우 중요한 활동이다. 레오파드 게코에게 은신처를 제공하지 않을 경우 스트레스로 인해 병들게 되고, 결국 죽음을 초래하는 경우가 매우 많다. 자연상태에서 레오파드 게코는 포식자의 먹잇감이 되지 않기 위해 자신이 가장 취약한 때에 은신해 잠듦으로써 그들의 시야에서 벗어나려는 본능을 지니고 있다. 레오파드 게코를 처음 기르는 사육주들은 자신의 레게가 은신하는 모습을 보고 주인을 피해 숨는 것처럼 느낄 수도 있는데, 이처럼 숨는 행동을 보이는 가장 큰 이유는 바로 레오파드 게코가 야행성 동물이기 때문이다.

일반적으로 어두워질 때까지 사육장 내 은신처 중 하나에 머물게 되는데(은신처는 기능에 따라 3개가 필요하다), 이는 지극히 정상적인 행동이다. 그러나 만약 24시간 또는 그 이상 자신의 은신처에서 나오려 하지 않을 때는 무언가 문제가 생긴 경우일 수 있으므로 주의 깊게 살펴봐야 한다. 사육장의 온도가 적절하지 않거나 아픈 상태임을 나타내는 징후일 수도 있으므로 이러한 모습을 보일 때는 레오파드 게코에게서 평소와는 다른 비정상적인 유형의 행동이 나타나지 않는지 확인하도록 한다.

소리 지르기

레오파드 게코가 깜짝 놀랐을 때는 때때로 '까악' 하는 고음의 비명을 지르게 될 수 있다. 사육주는 이러한 소리를 들으면 놀라서 오랫동안 당황하게 되는데, 레게는 이처럼 상대가 당황하고 있는 동안에 탈출할 시간을 충분히 확보할 수 있게 되는 것이다. 이러한 행동은 어린 개체에 있어서는 가장 일반적인 행동이지만, 가끔 성체에서도 나타날 수 있다. 많은 사육주들이 레오파드 게코에게 분무기로 물을 분무하는 행동이 때때로 비명을 초래한다고 주장하기도 한다.

꼬리 물기

레오파드 게코는 교미를 할 때나 서열이 높음을 보여주고자 할 때 다른 개체의 꼬리를 무는 행동을 한다. 한 사육장 안에 수컷 두 마리 또는 암컷 두 마리를 기르는 경우 서로 상대의 꼬리를 물려고 하고, 꼬리를 흔들며 방어를 하게 된다. 이러한 행동이 나타나는 경우 너무 공격적으로 발전할 수도 있으므로 각각 격리시켜야 한다. 일반적으로 같은 사육장 내에 수컷 두 마리를 합사시켜서는 안 되는데, 때로는 실수로 수컷을 암컷으로 생각하고 합사시키는 경우도 있으므로 주의한다.

레오파드 게코는 특정 상황에 따라 여러 가지 유형으로 꼬리를 흔드는 모습을 보인다.

꼬리 흔들기

레오파드 게코가 꼬리를 흔드는 모습은 특정 상황에 따라 다음과 같이 몇 가지 유형으로 나타난다. 첫째, 꼬리를 느리게 흔든다. 레오파드 게코가 꼬리를 느리게 흔드는 경우는 다른 레게에게 자신의 존재를 알리고 인식하도록 하기 위한 것이다. 일반적으로 바닥에 몸을 낮추고 꼬리를 느리게 흔드는데, 이러한 행동은 때때로 레게가 흥분한 상태임을 표시하는 것일 수도 있다. 또 위협을 느낄 때 꼬리를 느리게 흔드는데, 이때도 역시 땅바닥에 몸을 낮추고 꼬리를 천천히 흔든다. 이렇게 꼬리를 강조해 상대의 시선이 꼬리 쪽으로 향하게 유도함으로써 관심을 돌리게 하며, 종종 머리를 아치 모양으로 들어 올리고 위협하는 대상을 응시하기도 한다. 낯선 레게 동료를 만났을 때도 방어목적으로 꼬리를 천천히 흔들게 된다.

만약 여러분이 레오파드 게코의 근처에 있을 때 이러한 행동을 보인다면, 레게가 여러분을 물려고 할 수도 있으므로 건드리지 않도록 한다. 대신 여러분이 위험한 존재가 아니라는 것을 레오파드 게코가 인지할 수 있도록 해주는 것이 좋다. 레오파드 게코가 진정될 때까지 가만히 서 있어도 되고, 주변을 관찰하거나 숨을 수 있도록 멀리 떨어져서 기다렸다가 사육장에 손을 천천히 넣어보는 것도 괜찮다. 둘째, 꼬리를 빠르게 흔든다. 레게 수컷은 암컷과 같은 사육장에 있으면 일반적으로 꼬리를 빠르게 흔든다. 이러한 행동은 현재 수컷이 있는 영역에 암컷이 있고, 암컷이 있다는 사실을 수컷이 인식하고 있다는 것을 의미한다. 셋째, 꼬리를 격하게 흔든다. 일반적으로 레게가 먹이를 사냥할 때 격하게 꼬리를 흔드는 모습을 볼 수 있을 것이다. 보통 이러한 행동을 보이는 것은 어린 개체에서 일반적이지만, 때로는 성체에서도 나타날 수 있다. 먹이곤충을 발견하면 레게는 꼬리를 올리고 좌우로 흔들며, 그런 다음 먹잇감을 공격하기 직전에 꼬리를 격하게 흔들게 된다.

혀 날름거리기

레오파드 게코의 사육장에 새로운 구조물을 세팅한 경우 혀를 날름거리는 것을 볼 수 있을 것이다. 이는 레오파드 게코가 이 새로운 물건이 무엇인지 확인하고 숙지하기 위해 취하는 행동이다. 대부분의 도마뱀은 마치 뱀처럼 혀를 날름거림으로써 물질 및 그들의 환경을 감지할 수 있는 야콥슨기관(Jacobson's organ; 양서류 및 포유류, 파충류에서 관찰되는 후각기관. 서골비기관-vomeronasal organ-이라고도 한다)을 가지고 있다. 레게도 마찬가지로 이 야콥슨기관을 이용함으로써 호흡을 통해 얻어진 공기와 함께 콧구멍으로 들어오는 입자들을 감지하고 분석한다.

또한, 야콥슨기관은 '육감'으로서의 기능을 하며 주위 환경에서 공기로 운반되지 않는 화학분자를 감지할 수 있는데, 혀를 날름거림으로써 이러한 화학분자를 수집해 포식자, 먹이, 잠재적인 짝을 감지할 수 있다. 심지어 이러한 것들이 자신의 시야를 벗어나 있는 경우에도 감지가 가능하다.

레오파드 게코는 혀를 날름거려 화학분자를 수집함으로써 주변 환경에 대해 숙지한다.

단독생활

레오파드 게코를 한 마리만 기르는 사육주의 경우, 자신의 레게가 사육장에서 혼자 지내는 것을 보며 외로울 것 같다는 생각에 미안한 마음을 가질 수도 있다. 대부분의 포유동물은 다른 개체들과 동료관계를 맺고 성장해 나가며 특히 인간에게 애완화된 동물의 경우 더욱 그렇지만, 레오파드 게코는 단독생활을 하는 동물이기 때문에 이러한 걱정은 하지 않아도 된다. 야생에서 레오파드 게코는 사냥과 번식 등 자신이 살아가는 데 필요한 활동영역을 구축해 홀로 생활하는 동물이며, 수컷은 다른 수컷으로부터 이러한 영역을 보호하기 위해 격렬하게 싸운다. 일부는 번식기간 동안을 제외하고 다른 레오파드 게코의 존재를 용납하지 않는다.

사육 하에 있어서도 다른 레게와 먹이나 영역을 두고 경쟁할 필요 없이 오로지 자신만의 것을 소유할 수 있는 공간을 제공해주는 것이 좋은 환경이 된다. 레게는 대부분의 시간 동안 혼자 있는 것을 선호하며, 그것이 레게에게는 스트레스를 덜 주게 된다. 스트레스는 면역체계에 손상을 줄 수 있기 때문에 한 마리만 단독으로 기르는 것이 궁극적으로 레게를 관리하는 가장 건강한 방법이라고 할 수 있다.

레오파드 게코는 개, 고양이 등과는 달리 단독생활을 하는 동물이므로 한 마리만 기르는 것이 가장 좋다.

악명 높은 텃세

특히 레오파드 게코 수컷의 경우 텃세가 심한 것으로 악명이 높으며, 수컷 레게는 자신의 영역을 지키기 위해 매우 격렬하게 싸운다. 머리를 위아래로 끄덕이면서 자신의 적을 위협함으로써 공격을 시작하는데, 이러한 모습은 직접적인 몸싸움 없이 적이 후퇴하도록 엄포를 놓기 위한 것이다. 레게가 이렇게 텃세를 부리는 주요 동기는 짝짓기 본능에 기인한다. 자신의 영토를 보호함으로써 수컷 레게는 자신의 영역에 있는 모든 암컷과 짝짓기를 할 권리를 동시에 보호하게 되는 것이다. 사육 하에서의 수컷 역시 짝짓기 본능이 여전히 남아 있기 때문에 암컷이 있든 없든 싸우게 될 것이다. 암컷의 경우 가끔 텃세를 부리기도 하는데, 암컷은 최고의 먹이를 공급받는 위치에 접근하려는 본능에 의해 움직이게 된다.

교미행동과 구애

번식을 위해 암컷과 수컷을 합사시켰을 때, 일반적으로 수컷은 암컷을 향해 특유의 소리를 낸다. 그러고는 머리를 위아래로 까딱까딱 흔들고 꼬리를 비트는 것과 동시에 빙글빙글 도는 행동이 이어진다. 이는 암컷과 익숙해지기 위해 취하는 행동이며, 보통 다음 단계에서 곧 교미가 이뤄진다. 생물학자들의 연구에 따르면, 이러한 구애의식이 암컷 레게에 있어서 배란을 유도하는 수단이 될 수 있다고 한다.

외부환경에 대한 반응

레오파드 게코를 기르고 있는 사육주라면, 일반적으로 해가 지고 어두워졌을 때 레게가 자신의 은신처에서 나와 유리를 통해 밖을 내다보면서 사육장 가장자리를 탐색하는 모습을 볼 수 있을 것이다. 야행성인 레게는 주변 환경에 무언가 변화가 생기면 두려움을 느끼게 될 가능성이 있으며, 이때는 재빨리 자신의 은신처에 들어가 상황이 정리될 때까지 밖으로 나오지 않는다. 많은 사육주들이 사육장의 내부공간만이 레게 세계의 전부라고 생각할 수 있는데, 이는 사실과 전혀 다르다. 세심하게 주의를 기울여 살펴보면 레게가 사육장 바깥의 세계를 인식하고 있다는 점을 발견할 수 있으며, 이와 관련한 반응은 레오파드 게코의 사육장을 다른 장소로

레오파드 게코를 주의 깊게 관찰해보면 사육장 바깥의 세계를 인식하고 있다는 것을 발견할 수 있다.

옮겼을 경우 좀 더 확실하게 관찰할 수 있다. 사육장을 옮긴 경우 레오파드 게코는 사육장 바깥의 풍경이 이전과 같지 않다는 것을 알아채고 주위를 둘러보며 관찰하게 되는데, 사육장 내부에 특별한 변화가 없음에도 불구하고 외부세계의 이러한 변화는 레게에게는 스트레스가 될 수도 있다. 따라서 레오파드 게코가 새로운 환경에 적응할 수 있도록 돕기 위해서는 사육장을 이동하기 전과 후의 며칠 동안은 가급적 핸들링을 피해야 하며, 배가 부른 경우 스트레스는 더욱 가중되므로 이 시간 동안은 먹이를 급여하지 않도록 해야 한다. 새로운 위치에서 먹이를 제공하기 전에 레게가 변화된 환경에 적응할 수 있도록 조용히 놔두는 것이 좋다.

레게가 실제로 바깥세계를 인식하고 있다는 사실은 개나 고양이 등의 다른 반려동물을 기르고 있는 경우 특히 주의해야 한다는 것을 의미한다. 만약 개나 고양이가 평소 조용하고 얌전하다면 별 문제는 없겠지만, 레게 사육장 주위를 뛰어다니고 사육장 위로 뛰어오르거나 사육장 안으로 침입하려는 시도를 한다면, 레게는 자신의 사육장 밖에서 벌어지고 있는 일에 대해 스트레스를 받게 될 것이다.

이렇듯 레오파드 게코는 환경변화에 민감하기 때문에 사육장 내부의 구조물과 그릇들은 항상 같은 위치에 배치하는 것이 가장 좋다. 레게는 습관의 동물이며, 매일 같은 장소에서 자신의 은신처, 물그릇, 기타 물품들을 발견하기를 기대한다. 단지 변화를 주기 위한 목적으로 사육장 내의 환경을 너무 자주 바꾸는 것은 레게에게는 매우 심한 스트레스를 유발하게 된다는 점을 염두에 두도록 하자.

Chapter 02

레오파드 게코
사육의 기초

레오파드 게코를 기르기 전 알아둬야 할 것, 건강한 개체 고르는 법 등에 대해 살펴보고, 분양받기 전 고려사항들에 대해 알아본다.

01 section

반려동물로서의 레오파드 게코

레오파드 게코는 현재 반려동물로 길러지는 모든 도마뱀 중에서 가장 완벽한 도마뱀이라고 할 수 있다. 파충류 애호가들 사이에서 가장 인기 있는 반려도마뱀으로서 강건하고 기르기가 수월하며, 크기가 작아 사육공간을 적게 차지한다. 또한, 패턴과 색상이 매우 아름답고 다양하며, 파충류 사육 경험이 전혀 없는 경우에도 번식시키기가 비교적 쉽다. 이러한 여러 가지 장점들로 인해 레오파드 게코는 파충류를 처음 기르는 초보사육자들에게 이상적인 입문종으로 추천된다.

그러나 레오파드 게코가 이처럼 도마뱀 중에서 가장 쉽게 기를 수 있는 종임에도 불구하고, '자주 핸들링을 하고 주인과 상호교감하기에도 가장 좋은 반려도마뱀'이라고 단정적으로 말할 수는 없다. 다른 많은 도마뱀과 마찬가지로, 레오파드 게코도 위협을 느낄 때 방어기제로서 꼬리를 스스로 잘라내는 능력을 가지고 있다. 따라서 레오파드 게코는 가끔씩 핸들링을 허용하는 관상용 도마뱀으로 생각하고 기르는 것이 바람직하다고 하겠다. 이번 섹션에서는 반려도마뱀으로서 레오파드 게코가 지닌 장점들에 대해 간략하게 살펴보도록 한다.

레게는 현재 가장 인기 있는 반려도마뱀으로서 반려동물로 기르기에 적합한 여러 가지 장점들을 지니고 있다.

패턴과 색상이 다양하다

레오파드 게코는 현재 세계에서 가장 널리 인공번식되고 있는 게코 종으로서 레게 브리더들은 매년 수천 마리를 번식해 파충류시장에 공급하고 있다. 이러한 인공번식의 결과로 굉장히 아름다운 색상과 패턴을 지닌 레게가 다양하게 개량돼 나왔으며, 지금도 새로운 모프의 레게가 꾸준히 개량되고 있다. 한편, 인공번식개체는 매력적인 모프뿐만 아니라, 야생채집개체들에서 나타나는 여러 가지 문제(환경 관련 문제, 건강 및 행동에 대한 문제 등)로부터 비교적 자유롭다는 이점이 있다.

분양받기가 쉽다

레오파드 게코를 거의 완벽한 반려도마뱀으로 손꼽는 또 다른 이유는 일반적으로 사육주들이 쉽게 구할 수 있기 때문이다. 파충류 숍이나 관련 쇼핑몰에서는 대부분 레오파드 게코를 분양하고 있으므로 파충류 숍을 직접 방문하거나 온라인쇼핑몰에서 분양받을 수 있고, 온라인커뮤니티 등을 통해 개인적으로 분양받는 등 다양한 방법으로 쉽게 구할 수 있다(미국에서는 많은 도시에서 연중 개최되는 파충류 박람회에 항상 레오파드 게코 전문브리더들이 참석하고 있는 실정이며, 파충류를 다루는 잡지에는 종종 아름다운 레오파드 게코 사진과 함께 많은 브리더들의 광고가 실리는 것을 볼 수 있다).

크기가 이상적이다

레오파드 게코는 대략 20~25cm 길이로 성장하는데, 이처럼 작은 크기는 반려동물로 기르기에 이상적인 여러 가지 장점을 지닌다. 우선 크기가 작기 때문에 힘들이지 않고 편안하게 핸들링을 할 수 있으며, 어린아이들도 레게가 자신을 위협할지도 모른다는 두려움 없이 핸들링을 할 수 있다. 또한, 레오파드 게코의 사육에 요구되는 공간은 최소수준으로서 일반적으로 1자 반(45cm) 정도의 열대어수조가 레오파드 게코 한 마리를 기르는 데 적합한 사육장으로 활용될 수 있다. 레오파드 게코의 이러한 서식환경은 사육장 청소와 같은 일상적인 관리를 비교적 빠르고 수월하게 완료할 수 있도록 해주는 요인이 된다.

관리가 비교적 쉽다

레오파드 게코는 곤충을 주로 먹기 때문에 비어디드 드래곤 같은 다른 도마뱀처럼 식단이 복잡하지는 않다. 또한, 레게의 자연서식지의 환경은 급상승하는 온도변화와 함께 여러모로 열악하기 때문에, 먹이나 물 없이 다른 동물들은 생존할 수 없는 곳에서도 1주일 동안은 살아남을 수 있는 적응력을 갖고 있다. 이러한 점들이 레오파드 게코를 매우 강건하게 만드는 요인이며, 많은 사람들이 레오파드 게코를 기르기 쉽다고 믿고 반려도마뱀으로서 선호하는 이유가 되는 것이다.

레게는 반려파충류에서 발견할 수 있는 최고의 자질을 갖춘 아름다운 게코 종으로 인기가 높다.

성격이 독특하다

레오파드 게코는 포유동물과 같은 종류의 행동적인 특성을 지니고 있지는 않지만 꽤 독특한 성격을 가지고 있으며, 각 개체 간에도 서로 다른 기질을 띤다. 레오파드 게코는 외양이 매우 아름다울 뿐만 아니라 이처럼 독특한 기질을 가지고 있기 때문에 관찰하는 사육주 입장에서는 매우 흥미롭다. 레게의 사육장을 상대적으로 조용한 장소에 설치해 관리하고, 오랜 시간을 두고 차분하게 관찰하면 자신의 레오파드 게코에 대해 여러 가지 특이한 점들을 발견할 수 있게 될 것이다.

먹이를 급여할 때 자세히 보면 레게가 특정 먹이에 대한 선호도를 가지고 있다는 것을 알 수 있으며, 자신의 사육장을 내려다보면서 사육장 내의 특정 지역에 앉아 있는 것을 좋아한다는 점을 알게 될 것이다. 아니면 자신의 은신공간 주위에 눕거나 또는 돌출된 잎사귀 아래에 누워 있는 것을 선호하는 유형일 수 있다. 같은 종의 레게를 두 마리 이상 기르고 있다면 각 개체에 있어서의 차이를 명확하게 볼 수 있을 것이다. 모든 레게는 자신만의 특별한 환경과 성격을 가진 독특한 존재이며, 이처럼 각 개체별로 갖고 있는 미묘한 성격적인 특성을 발견할 수 있다는 것은 레게를 사육하는 과정에서 쏠쏠한 재미를 느낄 수 있는 부분이다.

핸들링이 용이하다

레오파드 게코는 매우 유순하고, 다른 많은 도마뱀과는 달리 사람을 매우 신뢰하는 경향이 있기 때문에 공격성에 대한 걱정 없이 핸들링을 할 수 있는 도마뱀이다. 레게는 움직임이 느리고 신중하며, 갑자기 빠르게 이동하는 경향이 없다. 또한, 보호자를 무는 경우가 거의 없으며, 물게 되더라도 상처를 입힐 정도는 아니다. 핸들링을 할 때는 사육주의 손에 앉아 만족해하는 모습을 보일 수도 있고, 천천히 탐색을 시도할 수도 있다.

많은 레오파드 게코 성체, 특히 수컷의 경우 정기적으로 짧은 시간 동안 핸들링을 하면 매우 유순해진다. 이는 레게를 이상적인 반려도마뱀으로 만드는 특성 중 하나다.

핸들링 시 주의할 점

- **복장** : 핸들링을 할 때는 일반적으로 사육주의 팔과 어깨에 오르는 행동을 하게 되므로 레오파드 게코가 떨어지지 않도록 가만히 앉아 있어야 한다. 또한, 레게가 팔 위를 걸을 때 간지러움을 유발하고, 이는 핸들링을 하고 있는 사육주의 팔이 불안정해지는 원인이 될 수 있기 때문에 긴소매 셔츠를 착용하는 것이 보다 안전하다. 특히 레게를 아이들이 핸들링할 때는 사육주가 유심히 감독해야 한다.

- **핸들링 횟수** : 핸들링 횟수는 각 개체에 따라 달라질 수 있다. 도마뱀은 개 및 다른 포유동물과는 상당히 다르고, 주로 관상용으로 관리돼야 한다는 것을 기억하는 것이 중요하다. 레오파드 게코에게서 포착되는 반응을 잘 살펴서 접촉시간을 제한해야 하는데, 혼자 있고 싶어 하는 레오파드 게코는 사육주가 잡고 있을 때 벗어나려고 발버둥치거나 사육주를 피하려고 할 것이다. 심지어 비교적 차분한 레게의 경우도 결국 핸들링되는 것에 지치게 되므로 상황에 맞춰 시간을 조정한다. 임신한 암컷의 경우, 먹이를 먹은 직후 또는 먹이를 먹은 지 몇 시간 지나지 않은 경우에는 핸들링을 피하도록 한다. 아주 어린 개체는 겁이 많고 예민하며, 번식 중인 쌍은 핸들링으로 인해 방해를 받을 경우 화를 낼 수 있다.

- **잡는 방법** : 레오파드 게코를 잡는 가장 좋은 방법은 레게의 몸 아래로 두 손을 부드럽게 모아 감싸는 것이다. 이때 너무 꽉 잡아서는 안 되며, 레게의 반응을 판단한 후 여러분의 손과 팔을 탐색할 수 있도록 놔둔다. 만약 레게가 팔에 올라와 있는 동안 떨어질 경우 신속하게 잡을 수 있도록 레게에게서 눈을 떼지 않아야 한다. 불안해하는 행동을 보이는 경우는 사육장으로 돌려보내도록 한다. 또한, 핸들링 시 꼬리를 잡지 않도록 주의를 기울여야 하는데, 레게의 꼬리를 잡고 들거나 꽉 움켜잡으면 쉽게 잘려 나가므로 꼬리는 가급적 건드리지 않는 습관을 들이는 것이 좋겠다.

핸들링 시에 보이는 이러한 경향은 레오파드 게코를 사랑스러운 반려도마뱀으로 만드는 큰 장점이라고 할 수 있다. 모든 동물과 마찬가지로, 레오파드 게코가 애완화되는 정도는 개체의 유전적 성향과 레게와의 상호교감을 위해 사육주가 투자한 시간에 따라 달라질 수 있다. 정기적으로 짧은 시간 동안 핸들링되는 개체는 일반적으로 사육주와의 상호교감이 없는 개체보다 더 차분한 성향을 갖는다.

한편, 심한 수준의 핸들링을 오랜 시간 지속하는 것은 일반적으로 스트레스의 원인이 되기 때문에 레오파드 게코에 있어서는 권장하지 않는다. 특히 해츨링과 주버나일 개체는 성체보다 더욱 긴장하게 되므로 준성체가 될 때까지(약 13cm 정도) 불필요한 핸들링은 하지 않는 것이 좋으며, 잦은 핸들링 또한 스트레스를 유발해 자절로 이어질 수 있으므로 삼가도록 한다. 만약 높은 수준의 핸들링이 허용되는 반려도마뱀을 찾는 사육주라면 오스트레일리안 블루텅 스킨크(Australian blue-tongued skink, *Tiliqua scincoides*)와 비어디드 드래곤(Bearded dragon, *Pogona vitticeps*)이 적합하다.

02 section

레오파드 게코
기르기 전 고려사항

반려동물을 기르기 위해서는 일반적으로 시간과 비용이 필요하게 마련이다. 이는 단 한 마리만 기르는 경우라 할지라도 마찬가지이며, 특히 초보사육자의 경우는 사육환경을 새로이 갖춰야 하므로 더 많은 시간과 비용이 소요된다. 레오파드 게코는 파충류 중에서도 가장 손이 덜 가는 종류에 속하지만, 사육 시에는 장기간의 책임을 필요로 하는 과정이 따른다는 점을 잊지 말아야 한다. 이번 섹션에서는 레오파드 게코 사육을 결정하기 전에 먼저 고려해야 하는 것은 무엇인지 살펴본다.

관리에 소요되는 시간
레오파드 게코는 사육 하에서 25년까지 살 수 있으므로 장기적인 관리가 필요하고, 그만큼 많은 시간이 소요된다는 것을 염두에 둬야 한다. 레게를 제대로 보살피기 위해서는 일상적인 관리와 정기적인 관리가 필요한데, 이러한 관리에 투자할 수 있는 시간적 여건이 충분한지 따져보도록 한다. 일상적인 관리는 레게의 상태와 행동을 꼼꼼하게 파악하고, 배설물 및 죽은 먹이곤충 제거, 물그릇 교체 또는 사

> **레오파드 게코 사육 시 고려해야 할 사항**
> - 레오파드 게코 사육장을 설치하기 위해 할애할 수 있는 공간은 충분한가.
> - 먹이, 용품, 열원, 동물병원비용 등을 포함해 레게의 사육과 관련된 비용을 감당할 수 있는가.
> - 두 마리 이상의 레게를 사육하려는 경우 필요하다면 개체들을 격리할 여유분의 사육장이 있는가.
> - 레게에게 먹이곤충을 급여하는 것에 어려움을 느끼지는 않는가.
> - 레게에게 다양하고 영양가 있는 식단을 충분히 제공할 수 있는가.
> - 거주지와 최대한 가까운 곳에 파충류 진료가 가능한 수의사가 있는가.
> - 자녀와 다른 가족구성원들이 예민한 레게를 제대로 돌보는 방법을 배우고자 하는가.
> - 업무 또는 휴가로 떨어져 있는 동안 레게를 돌봐줄 사람이 있는가.
> - 레게의 수명은 20년 이상 지속될 수 있는데, 끝까지 책임지고 돌봐줄 수 있는가.
> - 살모넬라균이 가족 중 누군가에게 특별한 위협이 되지는 않는가.
> - 개, 고양이, 기타 반려동물을 기르고 있는 경우 그들이 레게에게 위협적이지는 않은가.

육장에 분무하기, 조명과 열원의 기능점검 등을 포함한다. 정기적인 관리는 사육장 유리 청소, 바닥재 교체, 전구 및 열원 교체 등을 포함한다. 두 마리 이상을 사육하는 경우라면 필요에 따라 이들을 격리할 수 있는 사육장이 추가로 필요한데, 여러 마리를 함께 기르는 경우 각 개체를 관찰하는 것은 더욱 중요해지고 더 많은 시간을 소비하게 된다. 또한, 사육 하에서의 번식은 가치 있는 일일지 모르지만, 시간과 공간에 있어서 추가적인 노력이 필요하다는 것도 간과해서는 안 된다.

분양에 소요되는 비용

사육장, 조명기구, 열원 등 사육에 필요한 용품들을 구매하는 데 소요되는 비용을 염두에 둬야 한다. 사육주의 취향과 사육주가 선택한 용품의 수준에 따라 지출규모에 차이는 나겠지만, 이와 같은 비용은 필수적인 초기지출비용에 포함된다. 파충류와 관련된 전문지식을 갖춘 수의사는 드물기 때문에 수의과적인 치료에 대해서도 계획해야 한다. 도마뱀에 대한 일반적인 치료 및 약물은 새와 포유동물에 대한 것과는 가격에 있어서 차이가 있고, 수술의 경우 상당한 비용이 지출될 수 있다. 먹이곤충을 구입하기 위해 매월 일정한 비용이 소요되며, 번식시켜서 공급하려면 그만큼 많은 시간이 투자돼야 한다(귀뚜라미의 경우 시끄러움). 또한, 귀뚜라미 외에도 다양한 먹이용 곤충을 구비해야 하며, 구입하거나 사육해서 제공해야 한다. 대부분의 먹이용

곤충은 자신이 사육하고 있는 레게에게 급여하기 전에 영양가 있는 먹이를 충분히 공급해 줘야 하며, 이러한 비용도 염두에 둬야 한다.

긴 수명과 사육주의 라이프사이클

앞서도 언급했듯이, 사육 하에서 레오파드 게코는 25년 또는 그 이상 살 수도 있기 때문에 가능하면 자신의 장기적인 계획에 대해 면밀히 검토하고, 레게를 사육하기 위한 여건을 갖추는 데 무리는 없는지 생각해야 한다. 많은 수의 레게를 사육하고 있다면, 이사 또는 결

가족구성원 중 살모넬라와 관련해 취약한 사람이 있다면 사육에 대해 충분히 재고하도록 한다.

혼 등 사육주 자신의 삶의 변화가 미치게 될 영향을 고려하는 것이 특히 중요하다. 비상사태는 최악의 시간에 지극히 일반적으로 발생할 수 있으므로 레게와 장비문제 등에 대해 계획하고, 자신의 삶과 레게의 삶을 동시에 책임지고 이를 처리할 능력에 대해 신중하게 생각해보고 고민해야 한다. 또한, 오랜 기간 동안 집을 비워야 할 경우를 대비해 레오파드 게코를 관리할 수 있는 방법을 고려하는 것도 필요하다. 파충류에 대한 관리에 있어서는 대개 일반적인 반려동물에 비해 여러 가지 면에서 준비하기가 어렵다. 이럴 때 믿을 수 있는 지인이나 가족의 도움을 받는 것이 이상적이지만, 그것이 여의치 않을 경우에 대해서도 대비할 필요가 있다.

살모넬라균과 관련된 문제

모든 파충류는 살모넬라균과 다른 미생물의 잠재적인 매개체(144페이지의 '살모넬라감염과 예방법' 참고)라고 할 수 있다. 살모넬라균은 우리의 일상생활 속에서 늘 일반적으로 접하는 것이고 철저하게 위생에 신경 쓴다면 큰 문제는 없지만, 만약 어린아이나 노인 또는 면역력이 약한 사람과 같이 살고 있는 경우라면 특히 살모넬라와 관련된 건강위험에 대해 고려해야 한다. 이러한 상황에서 레오파드 게코를 기른다는 것은 매우 중대한 책임을 가져야 하는 일임을 명심하도록 하자.

03 section

레오파드 게코의 선별법

다른 모든 반려동물과 마찬가지로, 레오파드 게코 사육을 성공적으로 이끌기 위해서는 무엇보다도 건강한 개체를 분양받는 것이 중요하며, 건강한 개체를 선별하기 위해서는 레게의 특성에 대해 사전지식을 충분히 숙지하고 있는 것이 도움이 된다. 레오파드 게코 선별 시 기본적으로 확인해야 할 사항들은 다음과 같다.

건강상태 및 외형 확인

평균적인 레오파드 게코의 수명은 20년 이상 장수할 정도로 길기 때문에, 아픈 레게를 선택해 돌보는 데 필요한 책임을 질 준비가 돼 있지 않는 한 잠재적으로 건강 문제를 갖고 있는 개체를 분양받고 싶지는 않을 것이다. 따라서 처음에 최대한 건강한 개체를 고르는 것이 무엇보다 중요하다고 볼 수 있으므로 레게를 선별할 때는 세심하게 확인하는 것이 좋다. 그러나 분양받기 전에 신중한 심사를 거쳐 선별한다고 해서 항상 건강한 개체를 보장받을 수 있는 것은 아니다. 필자의 경우 비교적 건강하게 보이는 개체를 분양받았는데 나중에 콕시디아증(Coccidiosis, 기생충감염)

건강한 개체 선별하기

아래 언급하고 있는 내용은 건강한 레오파드 게코를 선택하기 위해 기본적으로 살펴봐야 할 것들이다. 잘 숙지해뒀다가 꼼꼼하게 확인해서 건강한 개체를 분양받도록 한다.

- 레게가 잠을 자지 않고 깨어 있는 경우 사람이 사육장에 접근했을 때 초롱초롱하고 기민한지 확인하도록 한다. 사람이 다가가도 무관심하다면 일반적으로 현재 병을 앓고 있다는 징후다.
- 꼬리가 통통하고 건강하게 보이는지 확인하도록 한다. 자연상태에서 레게는 한 번에 몇 주 동안 먹이를 먹지 못할 때 비상자양분으로 사용하기 위해 꼬리에 여분의 지방을 저장해둔다. 레게의 꼬리가 통통하면 먹이를 적절하게 공급받고 잘 관리됐다는 좋은 징조다.
- 꼬리 말고도 몸통 또한 통통해야 하는데, 엉덩이뼈가 보이지 않으며 체중이 적당해야 한다. 이는 또한 레게가 정상적인 식욕을 갖고 있고 영양을 적절하게 공급받았다는 증거가 된다.
- 피부는 건강하고 변색, 염증, 화상 또는 다른 상처가 없어야 한다. 만약 이전에 부상이 있었다면 제대로 치료돼 있어야 한다. 발가락과 발톱에도 감염 및 손상이 없어야 한다.
- 입과 콧구멍, 눈이 깨끗해야 하며, 건강하게 보이고 과도한 체액이 없어야 한다.
- 부종이 없고, 항문은 배설물이 번지거나 들러붙은 것 없이 깨끗해야 한다. 사육장에 배설해놓은 대변은 약간의 하얀색 요산염이 있는 어두운 색이어야 한다. 건강한 레오파드 게코의 대변은 불완전하게 형성된 모양에 덩어리로 뭉쳐져 있다.
- 레게를 잡았을 때 레게의 힘이 손에 느껴져야 한다. 레게는 자신의 크기에 맞는 적당한 힘을 가지고 있는데, 레게가 간신히 매달려 있다면 그러한 느낌이 들지 않을 것이다.
- 레오파드 게코 사육장의 세팅은 다른 유형의 파충류가 아닌 오직 레게만이 사용할 수 있는 것이어야 한다. 레게에게 적절한 조명을 사용하고 있는지, 레게가 실수로 섭취할 수도 있는 바닥재가 바닥에 떨어져 있지는 않은지 확인하도록 한다.

으로 진단을 받은 적이 두 번이나 있다. 아무튼 긍정적인 측면에서 보자면 파충류 시장에서 분양되는 인공번식개체는 대체로 건강하다고 할 수 있는데, 질병발생 여부를 알아보기 위해 배변검사 같은 수의과적인 방법이 필요한 경우가 생길 수도 있다는 점을 염두에 두도록 한다. 일단 분양받고자 하는 개체를 선별하고 최종적으로 결정하기 전에, 분양처에 건강과 관련해 중요한 사항들을 확인한다.

특정 개체를 선택하기에 앞서 각각의 개체들을 자세히 살펴보고, 레게의 색깔과 패턴보다는 먼저 전반적인 건강상태를 확인하도록 한다. 레오파드 게코의 눈은 밝고 기민해야 하는데, 눈이 움푹 파인 흔적이 있는 경우는 탈수 또는 아픈 개체의 징후일 수 있다. 한 마리가 아픈 경우 같은 사육장에서 관리되고 있는 모든 개체가 아플 수 있기 때문에, 새로 분양받은 레게는 최소한 보름 정도 격리해서 일정기간 검역을 거친 후에 기존의 개체와 합사하는 것이 바람직하다.

CB, WC 여부 확인

분양받으려는 레게가 CB개체(captive breed 또는 captive born, 인공번식개체)인지 WC개체(wild caught, 야생채집개체)인지 확인할 필요가 있다. 일반적으로 파충류시장에서 분양되고 있는 인공번식개체에 비해 야생에서 채집된 개체는 색상이 단조로운 경향이 있다. 또 반점이 더 많고 칙칙한 노란색을 띠며, 노쇠하고 마른 모습을 보인다. 사육 하에서 태어나 길러진 인공번식개체들은 일반적으로 야생채집개체에 비해 색상과 패턴이 아름답고 건강하며, 성격도 상대적으로 차분하기 때문에 레오파드 게코를 기르고자 하는 초보사육자에게는 인공번식개체가 적합하다.

미국의 경우 비교적 적은 수의 야생채집개체가 수입되고 있는데, 야생채집개체는 인공번식을 시작하는 데 있어서 제한된 인공번식개체의 유전자 풀에 유전적 다양성을 추가하기 위해 매우 중요하기 때문에 주로 유전자 풀을 다양화하려는 브리더들에게 관심의 대상이 된다. 참고로 야생에서 레게를 채집하는 것은 반드시 신뢰받는 동물원, 박물관, 대학 또는 다른 과학기관과 관련된 전문 파충류학자의 감독 하에 수행돼야 하며, 이렇게 채집한 야생개체들은 일반사육주가 이용하는 반려동물 숍에서 분양돼서는 안 된다.

레오파드 게코가 사육 하에서 비교적 쉽게 번식이 된다는 사실은 여러 가지 이유로 매우 중요하다. 세계의 야생지역은 점차 축소되고 있는 실정이고, 야생동물의 많은 개체가 위험에 노출돼 있으며, 반려동물무역에 따른 대량채집으로 인해 야생개체군이 크게 훼손될 수 있다. 사육 하에서 인공적으로 번식된 개체를 분양받

야생에서 채집된 레오파드 게코. 레게 노멀의 패턴과 색상을 나타낸다.

인공번식개체는 야생채집개체에 비해 여러 가지 면에서 반려동물로 기르기에 적합한 장점을 지니고 있다.

는 것은, 여러분이 자연서식지의 레게의 개체 수 감소에 일조하지 않는다는 데 의미가 있다. 또한, 야생채집개체는 심각한 건강문제를 가지고 있을 수 있고, 채집과정에서 또는 야생생활의 위험으로부터 부상을 당했을 수도 있다. 야생채집개체에 있어서 건강과 관련해 매우 심각한 문제는 바로 내부기생충이다(자세한 내용은 제5장 '레오파드 게코의 건강과 질병' 참고). 야생에서 잡은 레게는 종종 수의과 치료를 필요로 하는 내부기생충을 보유하고 있으며, 이를 치료하는 데 많은 비용이 소요될 수 있다. 이러한 이유만으로도 인공번식개체를 분양받는 것이 바람직하다고 볼 수 있다.

관리상태 확인

분양받으려는 곳에서 레오파드 게코를 현재 어떻게 관리하고 있는지 확인하도록 한다. 사육환경이나 제공하고 있는 먹이, 청소 등 세부적인 관리사항 등에 대해 자세히 알아뒀다가 사육 시 참고하는 것이 좋다. 일부 브리더의 경우 특정한 먹이를 제공하기도 하는데, 여러분이 분양받으려는 레게가 특정 먹이에 익숙해진 상태일 수 있기 때문에 분양처에서 확인하는 것이 좋으며, 이러한 먹이를 미리 준비해놓는다면 레게가 새로운 환경에 적응하는 과정이 훨씬 수월해질 것이다. 레게를 분양받아 집으로 데리고 왔을 때 사육에 필요한 모든 것이 미리 준비돼 있는 것이 사육주나 레게 모두에게 훨씬 안정감을 주게 되므로 레게를 분양받기 위해 숍에 방문하기 전에 사육장을 완전히 세팅해두는 것이 가장 좋다. 더불어 이용 가능한 먹이용 곤충도 미리 구비해두는 것이 좋겠다.

분양처 확인

레오파드 게코는 가장 인기가 많은 반려도마뱀으로 거래가 활발하게 이뤄지고 있기 때문에 분양받는 데 있어서 별 어려움은 없을 것이다. 건강하고 제대로 된 레오파드 게코를 분양받는 것이 무엇보다도 중요하므로 시간을 두고 신중하게 선택하도록 한다. 분양받기 전에 미리 레게의 색상과 패턴에 대해 생각해 두도록 하고, 레게라는 도마뱀 자체에 대해서도 사전지식을 충분히 습득하는 것이 좋다.

레오파드 게코를 분양받을 수 있는 경로는 거주지 인근 지역에 위치한 파충류 숍(레게는 일반적이고 흔하게 볼 수 있는 반려도마뱀이기 때문에 대부분의 파충류 숍에서 취급하고 있으므로 레게를 구할 수 있는 가장 쉬운 분양처이다), 전문브리더(건강하고 아름다운 색상의 레게를 구할 수 있다는 것이 장점이다) 및 일반 개인, 파충류용품 온라인쇼핑몰(개체의 건강상태와 특별한 문제가 있는지 여부를 직접 확인할 수 없다는 것과 생물을 택배로 받아야 한다는 부담이 있다) 등이 있으므로 자신의 여건에 맞는 방법을 선택하면 되겠다.

> **꼬리재생 여부와 건강**
>
> 꼬리가 없거나 잘렸다가 재생된 레게를 할인된 가격에 분양하는 경우도 있는데, 분양가가 저렴한 레게를 찾는 사육주라면 이러한 기회를 이용할 수도 있다. 게코 및 도마뱀의 많은 다른 종과 마찬가지로 레오파드 게코도 꼬리가 손실되기 쉬운데, 꼬리의 손실은 거친 핸들링, 사고, 다른 레게와의 싸움 또는 과밀하게 관리하는 경우 서로의 꼬리를 물게 되는 상황에서 비롯될 수 있다. 재생된 꼬리는 외견상 원래의 꼬리만큼 좋아 보이지는 않지만, 원래 꼬리의 손실은 개체의 전반적인 건강에 영향을 미치지 않으므로 이 점은 걱정하지 않아도 된다.
>
> 참고로 레게의 원래의 꼬리는 꼬리 끝에 고리 모양의 무늬가 있고 마디로 나눠져 있으며, 독특한 질감이 난다. 손실됐다가 재생된 꼬리는 고리 모양의 흔적이 없으면서 매끄러울 뿐만 아니라 전체적인 굵기는 더욱 가늘어진다. 꼬리의 색이나 무늬가 원래의 것과 유사할 수도 있고 또는 완전히 다를 수도 있으며, 일부는 검은색이 되기도 한다.

04 section

자신과 맞는 개체 선택하기

일반적으로 레오파드 게코를 선택할 때 기준이 되는 요인은 크기(나이), 마릿수, 성별, 모프 등 여러 가지가 있는데, 본인이 레게를 사육하고자 하는 목적이 무엇인지 따져보고 자신의 사육목적에 맞는 적절한 개체를 신중하게 선택해야 한다. 이번 섹션에서는 레게를 선택할 때 염두에 둬야 하는 사항들에 대해 살펴보도록 한다.

성별의 선택
레오파드 게코는 암수에 상관없이 좋은 반려도마뱀이 될 수 있다. 다만 레오파드 게코를 번식시킬 계획이 있는 경우 수컷은 성숙해지면 같은 사육장에 함께 기를 수 없다는 것을 잊지 말아야 한다. 번식계획이 있는 경우에는 암컷을 여러 마리 보유하게 되더라도(10마리 또는 심지어 20마리를 보유하게 될 경우라도) 한 사육장에 수컷은 반드시 한 마리만 합사해야 한다. 만약 레오파드 게코 무리에 알비노(albino) 같은 새로운 변이종을 도입하기를 원할 경우, 수컷을 한 마리 들여오는 것이 암컷 한 마리를 들이는 것보다 더 좋은 선택이 된다.

사육 마릿수의 선택

레오파드 게코는 단독생활을 하는 동물이기 때문에 다른 많은 파충류처럼 사육장에 함께 지낼 동료가 필요하지는 않으며, 한 마리만 홀로 길러도 건강하게 잘 살아간다. 두 마리 이상의 레오파드 게코를 기르기 원한다면, 성체 수컷들은 함께 기를 수 없고 만약 같이 기르는 경우 싸움이 발생한다는 것을 기억해야 한다. 파충류시장에서 분양되는 개체는 한 사육장에 합사해도 안전하게 관리할 수 있는 암컷이 대부분이다. 번식계획이 있는 경우에는 여러 마리의 암컷과 수컷 한 마리를 유지하는 것이 좋다. 일반적으로 동물은 단독으로 사육 시 체중이 더 많이 나가는 경향이 있고, 그룹으로 기를 때보다 색상이 더 밝게 발현되는 특성이 있다.

모프의 선택

레오파드 게코는 지금까지 매년 여러 가지 새로운 종이 다양하게 개량돼왔고, 현재 파충류시장에서 많은 종류를 접할 수 있게 됐다. 모프(morph, 개량된 변이종)를 선택하는 데 있어서 주요한 판단기준은, 어떠한 모프를 선택하게 되더라도 레오파드 게코가 가진 미적 매력이 사육주 자신의 마음에 들어야 한다는 점이다. 모프의 번식을 통해 경제적인 이익을 얻는 것이 목적인 사육주라면, 투자하기 전에 레오파드 게코 시장의 현황에 대해 신중하게 연구해야 한다.

흥미로운 외양을 지니고 있는 라벤더&옐로우 레오파드 게코

아름다운 옐로우-오렌지 개체(왼쪽). 빌 브란트에 의해 개량된 뛰어난 옐로우-오렌지 혈통의 또 다른 패턴(오른쪽)

크기(나이)의 선택

성체를 택할 것인지 어린 개체를 택할 것인지 결정해야 하는 경우 각각의 장단점을 알고 있으면 도움이 될 것이다. 우선 어린 개체는 성체에 비해 분양가가 저렴하고, 성체로 자랄 때까지 레게와 사육주 간에 유대감을 쌓을 시간을 그만큼 더 갖게 된다는 장점이 있다. 또한, 새끼의 경우 성체에 비해 분양받을 수 있는 곳이 더 많고, 몇 살인지 정확하게 알 수 있는 기회도 더 많다고 볼 수 있다. 그러나 개체의 나이가 어리면 어릴수록 취약하다는 단점이 있다. 레게는 강건하고 건강한 도마뱀이지만, 어렸을 때는 질병 또는 급격한 온도변화에 매우 취약하다. 사육경험이 부족한 사육주들은 이러한 위험에 대처하는 것이 미숙하며, 때때로 사육주의 부주의로 인한 작은 온도변화가 어린 레게의 건강에 심각한 영향을 미칠 수도 있다.

레오파드 게코를 집으로 데려오면 일단 적응을 위한 자연적인 기간을 거치게 된다(보통 며칠 이내에 긴장을 풀고 적응하게 된다). 이 기간 동안은 먹이를 먹지 않고 은신처에 숨어 있게 되는데, 이때 개체가 너무 어리면 체내에 저장된 지방이 없기 때문에 이러한 단식기간이 매우 유해할 수 있다. 또한, 온라인쇼핑몰에서 분양받는 경우 운송과정에서 유발되는 스트레스가 어린 레게에게는 상당한 부담이 될 수 있다. 따라서 어린 개체를 분양받을 때는 분양할 당시 적어도 6주령은 돼야 하며, 이 나이의 개체라면 환경의 변화를 잘 감당할 수 있을 것이다.

번식계획이 있는 경우 사진과 같은 큰 성체는 알을 생산하지 못할 수도 있다는 점을 기억하도록 한다.

한편, 성체는 어린 개체에 비해 튼튼하고 질병에 덜 민감한 편이며, 이미 핸들링이 돼 있고 잘 길들여져 있을 가능성이 크다. 그러나 분양가가 어린 개체에 비해 높고, 개체의 이력(나이, 유전적 특성 등)을 항상 파악할 수 있는 것은 아니라는 단점이 있다. 또한, 장기간 방치됐을 수도 있고, 원치 않는 습관이 배어 있을 가능성도 있다. 번식에 관심이 있고 성체를 분양받을 계획인 사육주라면 1살 이하의 미성숙한 준성체를 선택하는 것이 가장 좋다(약 15cm 미만의 크기라면 1살 이하로 추정). 준성체는 사육 하의 환경에 잘 적응돼 있고, 일정한 크기로 성장한 상태라는 장점이 있다. 크고 튼튼한 성체에 매력을 느끼는 사육주의 경우, 이러한 개체는 번식이 끝났거나 암컷의 경우 나이가 들어 더 많은 알을 생산할 수 없는 개체일 수도 있다는 것을 염두에 둬야 한다.

개체의 연령에 따른 장단점을 종합해볼 때 초보사육자에게는 성숙한 개체에 비해 더 연약한 경향이 있는 작은 해츨링보다 2개월에서 1년 사이의 개체(적어도 약 10.2cm 되는 개체)를 선택하는 것이 안전하다. 어린 나이의 레오파드 게코를 구입하는 것이 필수적인 사항은 아니지만, 새끼의 성장과 변화를 지켜봄으로써 레게를 기르는 재미를 증진시키는 과정은 될 수 있겠다. 어린 개체를 기르는 것이 사육주와 레오파드 게코가 서로에 대해 알아갈 수 있는 기회를 제공해줄 것이다.

레오파드 게코의 성장속도와 크기는 개체의 유전적 특성, 건강상태, 먹이섭취의 수준 등 사육환경에 크게 좌우되기 때문에 정확한 나이를 쉽게 판별할 수 있는 방법은 없다. 다만 레오파드 게코가 나이를 먹음에 따라 색상의 변화가 일어나는 것을 볼 수 있다. 대부분의 새끼는 몸에 스폿 대신 밴드를 가지고 있는데, 성장하면서 이 밴드는 분리되고 스폿으로 발전하게 된다. 이러한 현상은 일반적으로 레오파드 게코가 1살이 됐을 때 발생하게 되므로 만약 여러분의 레게가 스폿이 아니라 밴드를 가지고 있다면 아직 1살이 채 되지 않았을 가능성이 있다.

Chapter 03

레오파드 게코 사육장의 조성

레오파드 게코를 기르는 데 꼭 필요한 사육장과 바닥재 등에 대해 살펴보고, 사육장 환경 조성에 필요한 기타 용품들에 대해 알아본다.

01 section

사육장 조성에 필요한 용품

앞서도 언급했듯이, 레오파드 게코가 새로운 환경에 빨리 적응할 수 있도록 레게를 분양받아 데려오기 전에 필요한 모든 물품들을 미리 준비해두는 것이 좋다. 레게를 건강하게 기르기 위해서는 사육장을 비롯해 바닥재, 열원 등 쾌적한 환경을 유지해줄 수 있는 여러 가지 용품들이 필요하다.

사육장

레오파드 게코는 지상생활을 하는 동물이기 때문에 사육장은 가로길이가 길고 넓은 것이 적합하며, 사육장을 선택할 때는 레게가 사육장 밖으로 쉽게 탈출할 수 있는 구조인지 여부를 확인해야 한다. 레게는 유리면을 기어오르지 못하므로 유리로 된 사육장[1]이 좋으며, 보통 구하기 쉽고 간편한 사각형 유리수조가 권장된다.

---

1 국내의 경우 대부분의 레게 사육주들이 플라스틱 케이지에 레게를 기르고 있는 실정이나, 해외에서는 일반사육주의 경우 기본적으로 유리사육장이 권장되며 저자는 본서의 전반을 통해 비바리움 타입의 세팅방식을 권장하는 입장이다. 레게 사육장의 세팅방식은 사육주의 취향과 상황에 따라 달라질 수 있는데, 기본용품에 자연에 가까운 바닥재와 식물 등을 추가해 시각적으로 자연미를 느낄 수 있는 비바리움으로 꾸밀 수 있고, 키친타월 바닥재와 기본용품으로 간단하게 세팅할 수 있다.

은신처, 먹이그릇, 칼슘그릇, 물그릇이 세팅된 기본적인 유리사육장

유리사육장의 경우 레오파드 게코가 밖으로 기어 나올 가능성은 없지만, 사육장 상단을 철사나 그물로 된 스크린 형태의 덮개로 막는 것이 좋다. 이러한 덮개들 씌우면 사육장 상단에 안전하게 조명을 배치할 수 있고, 레게가 식물이나 바위 또는 나무 등의 구조물에 기어올라 탈출하는 것을 방지할 수 있다. 철망 덮개는 또한 고양이나 개 등 사육장에 접근하는 다른 반려동물을 차단하고 먹이곤충의 탈출을 방지하며, 레게를 지나치게 만지고 싶어 하는 어린아이들의 손길을 막을 수 있다. 유리, 플라스틱 등으로 만들어진 덮개는 환기가 제대로 이뤄지지 않아 사육장 내의 온도와 습도를 위험한 수준으로 증가시키게 되므로 사용하지 않도록 한다.

파충류용품 숍에서 일반적으로 판매되는 파충류용 사육장의 경우도 윗부분에 철망이 설치돼 있고 전체가 유리로 된 수조형태의 사육장이다. 전면유리에 미닫이문을 설치한 사육장도 쉽게 구할 수 있는데, 미닫이문이 설치된 사육장의 경우 사육주가 사육장 내의 구조물에 접근하기 쉽고 관리하기가 수월하다는 장점이 있다. 레오파드 게코는 작은 도마뱀이기 때문에 크기가 큰 사육장을 필요로 하지는 않으며, 오히려 사육장이 너무 큰 경우 레게가 열원이나 은신처를 찾는 데 어려움을 느끼게 된다. 일반적으로 1자 반(45cm) 정도 크기의 사육장이 레오파드 게코 한 마리를 사육하는 데 적합하며, 2자짜리 사육장의 경우 암수 한 쌍 또는 세 마리(암컷 두 마리와 수컷 한 마리)를 함께 기를 수 있다. 공간가용성 및 사육주가 사육장에 접목시키려는 디자인의 형태에 따라 더 큰 크기의 사육장을 선호할 수도 있다.

사육장 선택 시 철사나 그물로 제작된 사육장은 피해야 한다. 이러한 사육장은 단열이 안 되고, 레오파드 게코가 철망 또는 그물망 사이로 탈출할 가능성이 크다는 단점을 가지고 있다. 또한, 레오파드 게코의 발이나 발톱이 망에 걸려 부상을 초래할 위험이 있으므로 선택하지 않는 것이 바람직하다.

바닥재

바닥재는 레오파드 게코가 자연스럽게 걸어다닐 수 있도록 사육장 바닥에 깔아주는 베딩으로 많은 레오파드 게코 브리더들이 첫 번째로 꼽는 바닥재, 특히 새끼의 경우 추천하는 바닥재는 신문지나 종이타월이다. 종이류 바닥재는 가격이 저렴하고, 모니터링과 교체가 용이하다는 장점이 있다. 시각적으로 좀 더 자연미가 돋보이는 바닥재를 선호하는 사육주들도 많은데, 이들이 선호하는 바닥재는 미세한 등급의 모래 또는 모래와 흙을 혼합한 것으로 현재 여러 종류의 모래가 파충류용품 숍에서 판매되고 있다. 레게 사육주들이 일반적으로 사용하는 바닥재는 다음과 같다.

■ **모래** : 야생에서 레오파드 게코는 모래로 뒤덮인 자갈지대 및 바위가 많은 지역에서 발견된다. 따라서 레오파드 게코를 자연미가 돋보이는 비바리움에서 기르고자 하는 경우, 바닥재로 다양한 유형의 모래를 사용할 수 있다. 모래는 시각적으로도 자연스러울 뿐만 아니라, 레게가 걷고 땅을 파는 등의 활동에 도움이 된다.

레오파드 게코(주로 새끼)가 '먹이와 함께 모래를 섭취하고 임팩션(impaction, 장막힘)으로 폐사했다'는 보고를 간혹 접하기도 하는데, 이러한 이유로 대부분의 브리더들은 어린 새끼의 경우 처음에는 신문지를 바닥재로 사용하고, 새끼가 약 15cm 정도 크기로 성장했을 때 모래로 바꿔주는 방법을 권장하고 있다.

프로그 아이 게코(Frog-eyed gecko, *Teratoscincus sp.*), 스파이더 게코(Spider gecko, *Agamura sp.*)를 포함한 많은 육상 게코들과 마찬가지로 레오파드 게코는 자연적으로 칼슘의 공급원으로서 바닥재를 섭취하게 되는데, 임팩션 문제는 이러한 칼슘의 가용성에서 비롯된다. 따라서 먹이곤충을 더스팅해서 칼슘을 제공하고 탄산칼슘이 함유된 먹이를 제공하면, 레게가 일반적으로 필요로 하는 칼슘을 공급해줌으로써 모래를 섭취하는 것을 방지하거나 줄여줄 수 있다. 먹이곤충을 급여할 때 먹이 그릇에 담아 제공하는 것도 임팩션을 방지하는 데 도움이 될 것이다.

모래의 굵기 및 종류 또한 임팩션에 있어 중요한 요소로서 미세한 등급의 모래는 거친 것보다 임팩션을 일으킬 가능성이 더 적으며, 단단한 규사는 부드러운 석회석 또는 칼슘모래보다 임팩션을 일으킬 가능성이 더 크다. 실제로 임팩션은 기생충감염이나 세균감염, 스트레스로 인해 대사기능이 저하된 상태에서 모래를 섭취했을 때 주로 발생하며, 일반적인 컨디션의 레오파드 게코라면 큰 무리는 없으므로 바닥재 선택 시 참고하도록 한다.

■ **타일과 평평한 돌** : 타일과 평평한 돌은 레게가 살고 있는 자연환경을 재현해준다. 이러한 바닥재는 서렴하고 시각적으로 보기 좋으며, 세척하기노 쉽다. 또한, 임팩션의 위험이 전혀 없기 때문에 매우 좋은 바닥재가 된다. 유리사육장을 사용하고 있는 경우 관리과정에서 실수로 사육장 바닥을 깨뜨리는 일도 있으므로 이를 방지하기 위해 타일이나 돌 아래에 종이 또는 면수건을 배치하는 것이 좋다.

■ **자갈** : 수조용 자갈 또는 작은 돌을 단독으로 사용하거나 모래와 함께 사용하는 것도 사육장에 자연적인 아름다움을 더할 수 있는 방법이다. 반사막(사막과 습윤지역의 중간지대)지역의 서식지처럼 보이도록 만들기 위해 나뭇조각, 죽은 잔디를 혼합해 사용할 수 있다. 동굴이나 은신처에 사용되는 바닥재는, 레게에게 습도가 증가된 영역을 만들어주기 위해 물이끼(수태, sphagnum moss) 또는 습기를 유지할 수 있는 유사한 재료로 선택해야 한다. 자갈을 바닥재로 사용할 때는 레게가 삼켰을 경우 심각한 문제가 발생할 수 있으므로 날카로운 것은 피하도록 한다.

모래는 시각적으로도 자연스러울 뿐만 아니라, 레게가 걷고 땅을 파는 등의 활동에 도움이 되는 바닥재다.

■**신문지, 키친타월, 부직포** : 종이를 기반으로 하는 바닥재는 관리하기가 쉽고, 필요에 따라 곧바로 교체해줌으로써 간편하게 사육장을 청소할 수 있기 때문에 일반적으로 많이 사용된다. 키친타월은 전문브리더와 많은 수의 레게를 기르는 애호가들이 주로 사용하는 바닥재다. 이들은 일반적으로 간단한 랙 시스템(rack system; 수납상자시설)에서 레게를 기르고 있는데, 이러한 상황에서 키친타월은 매우 탁월한 선택이 된다. 키친타월은 레게에게 안전한 기반을 제공하고 흡수성이 좋으며, 청결을 유지하는 데도 도움이 된다. 오염된 타월은 간단하게 폐기하고 교체해주면 된다. 책상 유리 밑에 까는 부직포나 반려견용 패드도 바닥재로 훌륭하다.

■**파충류 카펫** : 파충류 카펫은 말 그대로 파충류를 위해 특별히 디자인된 바닥재로서 시각적으로도 보기 좋고, 임팩션의 위험도 전혀 없는 안전한 바닥재라고 할 수 있다. 수의사와 많은 파충류 사육주들이 권장하는 바닥재이며, 최근에는 부직포에 모래와 자갈을 붙여 자연스러운 분위기를 연출할 수 있는 제품도 시판됐다.

조명

대부분의 도마뱀은 주행성으로서 낮 동안 활동을 하고, 태양 아래서 일광욕을 하며 하루 중 많은 시간을 보낸다. 이러한 주행성 종을 기르는 경우 사육환경에서 자연적인 행동을 향상시키기 위해 UVA등을 제공하고, 비타민D를 합성하고 칼슘을 흡수할 수 있도록 돕기 위해 UVB등을 설치해줘야 한다. 레오파드 게코는 본래 야행성인 데다가 그들의 식단에서 비타민D를 얻기 때문에 사육 하에서 UVB등을 필요로 하지는 않지만, 빛(조명)은 여전히 필요하므로 적절한 조명을 제공해주는 것이 바람직하다. 조명은 살아 있는 식물을 추가한 비바리움의 경우 식물을 건강하게 자라게 하고, 낮과 밤의 주기를 조작하는 데 도움이 된다. 또한, 자연에서 태양이 땅과 공기를 가열하는 것과 같은 방식을 통해 열원으로서의 작용을 한다.

레게 사육장에는 한쪽 면에 스폿과 야간램프를 설치해주는 것이 효과적이다. 야간 조명은 야행성 동물을 관찰하기 위해 특별히 설계된 적외선램프를 구입할 수도 있으며, 이러한 조명은 사육장 내에서 대부분 숨어 있을 레게의 행동을 쉽게 관찰할 수 있도록 해준다. 일반 가정에서 사용하는 백열전구를 일광욕등으로 사용해도 되고, 야행성 동물의 관찰을 위해 디자인된 나이트글로우, 적외선램프(붉은 빛), 흔히 꼬마전구라고 불리는 5W 쥐짐등(붉은색)도 야간관상용등으로 적합하다.

레오파드 게코는 야행성이기 때문에 UVB등을 필요로 하지 않지만, 빛은 필요하므로 적절한 조명을 제공하는 것이 좋다.

열원

사육 하에 있는 대부분의 파충류와 마찬가지로, 레오파드 게코는 열편차를 제공하는 환경에서 더 건강하게 지낼 수 있다. 레오파드 게코와 같은 변온동물은 자신의 체온을 조절할 수 있도록 사육장 내에 따뜻한 지역과 시원한 지역을 동시에 제공해줘야 하며, 이러한 열편차의 가용성은 레오파드 게코의 성장속도를 증가시키게 된다. 비교적 적은 수(10마리 이하)의 레오파드 게코를 기르고 있는 경우라면 다음의 열원을 참고하도록 한다.

■ **파충류용 히팅 매트** : 파충류용으로 특별히 디자인된 열원을 구매해 사용할 수 있으며, 가장 일반적인 것은 사육장 아래 배치해서 사용하는 서브 탱크 히팅 매트(heating mat)다. 매트 위에 종이를 깔거나, 사육장 안에 2.5cm 정도 두께의 얇은 바닥재를 깔아 적절하게 사용하면 레오파드 게코 사육장을 위한 효과적인 열원이 된다. 이때 바닥재를 충분히 두껍게 깔아주면 단열재와 같은 작용을 하게 됨으로써 사육장 바닥으로부터 높은 수준으로 열이 오르는 것을 방지해준다.

히팅 매트를 사용할 때는 레오파드 게코가 이리저리 이동하면서 체온을 조절할 수 있도록 사육장 바닥의 대부분은 난방이 안 되게끔 하는 것이 중요하므로 바닥면적의 25~30% 정도만 덮을 수 있는 크기의 제품을 선택하는 것이 좋다. 유리사육장을 사용하는 경우 사육장 밑으로 공기가 순환될 수 있도록 원칙적으로 사육장 바닥을 살짝 들어 올려줘야 한다. 대부분의 유리사육장은 바닥이 오목한데, 사육장 밑에 공기흐름이 불충분한 경우 이 오목한 부분의 공기층에 열이 축적될 수 있고, 이는 사육장 바닥을 파손시키는 원인이 된다. 감전 또는 과열 등의 사고를 방지하기 위해서는 제품의 사용지침을 주의 깊게 따라야 하며, 열원을 온도조절장치에 연결해 사용하는 것이 좋다.

유리사육장의 밑면이 히팅 매트 표면으로부터 떨어지게끔 가장자리를 따라 판지 또는 나무를 깔아주면, 공기순환을 원활하게 해서 사육장의 오목한 바닥에 열이 축적되는 것을 방지할 수 있다.

■**램프형** : 일부 레오파드 게코 전문가들은 철망 덮개 위에 설치하거나 사육장 꼭대기에 고정하는 반사형 백열전구를 열원으로 사용하기도 한다. 백열전구는 사육장 상단에 통풍이 완전하게 이뤄지고 최소한 길이가 60cm 정도 되는 비바리움의 경우 적절하게 사용할 수 있으며, 크기가 작은 사육장에서는 시원한 지역을 포함해 온도편차를 제공하기 위한 표면적이 충분하지 않을 수 있기 때문에 과열의 위험이 증가하게 된다(열을 제공하는 목적은 레오파드 게코가 열원과 가열되지 않은 시원한 지역 사이를 오가며 체온을 조절할 수 있게 해주기 위한 것이라는 점을 기억하도록 한다). 붉은 전구의 경우는 밤낮으로 사용할 수 있으며, 대부분의 사육장에 대해서는 40W 또는 60W 전구가 원하는 열 범위를 제공해준다. 온도의 범위는 약 29~31℃ 사이가 바람직하며, 온도계로 전구에 가까운 바닥의 온도를 측정해 적절하게 조절해 주도록 한다.

붉은 전구는 주간과 야간에 모두 사용할 수 있다.

■**록히터** : 파충류용품 숍에서는 종종 열원으로 록히터(rock heater; 내부에 전열선이 있는 모조 바위)를 추천하기도 하지만, 록히터 타입 히터의 일부는 사육장에 적합하지 않으므로 사용에 주의해야 한다. 록히터는 간단한 방식으로 온도를 조절하기 위해 파충류용으로 설계된 것으로서 표면온도와 관련해서 기본적인 문제를 가지고 있다. 어떤 것은 너무 쉽게 뜨거워지고(40.5℃) 어떤 것은 핫 스폿을 가지고 있는데, 이러한 제품들 모두 따뜻한(31~32℃) 표면이 너무 적고 사육장의 나머지 지역은 너무 차갑게 남게 됨으로써 부적절한 온도편차로 이어질 수 있다.

이러한 점이 레게의 복부에 가벼운 열화상과 피부손상을 초래할 수 있으므로 레오파드 게코에게는 록히터는 두 번째 열원으로만 사용하는 것이 좋다(뜨거운 사막버전이 아닌 낮은 열버전을 사용한다). 어쨌든 록히터를 사용하는 경우라면 가열된 영역의 표면에 온도계를 설치해 너무 뜨거워지지 않도록 적절하게 관리해야 한다.

은신처

레오파드 게코는 일반적으로 밝은 빛을 피하고 잠재적 포식자로부터 자신을 숨기려는 본능을 지닌 야행성 동물로, 야생에서는 굴이나 바위 틈새 같은 다양한 형태의 은신처 안에서 많은 시간을 보낸다. 따라서 사육 하에서도 이러한 기능의 은신처를 제공하는 것이 필수적이다. 레게의 사육환경을 조성하는 데 있어서 은신처는 매우 중요한 요소로서, 빛과 열로부터 그리고 자신을 위협하는 다른 반려동물이나 사육장에 접근하는 사람들로부터 자신을 숨길 수 있게 해준다.

레오파드 게코가 편안하게 이용할 수 있는 것이라면 어떠한 형태의 은신처를 선택해도 무방하며, 내부공간이 충분한 것이면 좋다. 일부 사육주는 플라스틱 반찬용기로 직접 만들어 사용하기도 하고(안전함을 느낄 수 있는 구멍을 뚫어줘야 한다), 바위와 비슷한 모양의 자연미를 살린 기성제품을 선호하는 사육주들도 있다. 레게가 기성품에 비해 자작 은신처를 특별히 선호하는 것은 아니기 때문에 어떤 것을 선택할지는 사육주 본인에게 달려 있다.

현재 파충류용 은신처로 제작된 제품들은 기본적인 플라스틱 상자에서부터 바위나 나무껍질과 유사하고 콘크리트 또는 플라스틱으로 몰딩된 것에 이르기까지 매우 다양하게 시판되고 있다. 코르크 바크, 말린 나무껍질, 바위 등 시장에서 판매되고 있는 많은 구조물들은 자연스러운 외관의 은신처로 적절하게 활용할 수 있는 제품들이다. 은신처로 바위나 나무 같은 무거운 소재를 이용할 때는 레게가 부딪히거나 전복될 위험이 없는 위치에 배치해야 하며, 들어 올리거나 옮길 때

은신처는 레오파드 게코가 빛과 열, 자신을 위협하는 포식자로부터 몸을 숨길 수 있는 필수적인 공간이다.
© luveydovey93

는 레게에게 떨어지는 일이 없도록 각별히 주의해야 한다. 실리콘접착제를 이용해 각각의 조각들을 고정시켜두면 이러한 위험을 방지하는 데 도움이 된다. 레게에게 사용할 수 있는 은신처의 형태는 크게 세 가지 종류가 있다. 세 가지 유형의 은신처를 모두 준비하는 것이 가장 좋지만, 만약 사육장 내에 여유공간이 충분하지 않다면 따뜻한 은신처와 습식 은신처(시원한 은신처 역할을 한다)를 배치할 수 있다. 여러 마리를 기르고 있는 경우에는 레게가 모두 들어갈 수 있도록 큰 은신처를 준비하는 것이 좋다. 각 은신처가 갖는 특정 목적은 다음과 같다.

■ **따뜻한 은신처** : 따뜻한 은신처는 사육장 내에서 온도가 높은 장소에 배치해야 한다. 이 은신처는 레오파드 게코가 섭취한 먹이를 원활하게 소화시키기 위해 필요한 장소를 제공해주며, 레게가 너무 춥다고 느낄 때 자신을 노출시키지 않고 몸을 따뜻하게 해줄 수 있는 공간이 된다.

■ **시원한 은신처** : 시원한 은신처는 따뜻한 은신처와 반대되는 개념의 은신처로 사육장 내에서 가장 온도가 낮은 지역에 배치해야 한다. 레오파드 게코는 자신의 체온을 정기적으로 조절할 수 없기 때문에 때때로 몸이 너무 뜨거워질 수 있으며, 이때 체온을 낮춰줄 필요가 있다. 시원한 은신처는 레게가 자신의 몸을 식히면서 편안하게 쉴 수 있는 환경을 제공해준다.

■ **습식 은신처** : 습식 은신처는 위에서 언급한 두 가지 은신처보다 습도를 높게 유지할 수 있도록 디자인돼야 한다. 레게는 탈피를 시작할 때 자신의 피부를 부드럽게 만들어 탈피가 쉽게 이뤄질 수 있도록 하기 위해 높은 습도를 필요로 하는데, 이때 습식 은신처가 도움이 된다. 온도가 높은 영역에 습식 은신처를 배치할 경우 열이 수분을 증발시켜 은신처 내부의 습도수준을 낮추게 되므로 주의를 요한다. 은신처의 습도를 적절하게 관리하기 위해서는 은신처 내에 촉촉하게 습기를 머금은 바닥재를 유지하는 것이 좋으며, 물이끼 또는 젖은 종이타월을 깔아주면 좋다. 은신처 내부가 건조해지지 않도록 매일 은신처의 습기를 점검한다.

기타 사육용품들

레게를 사육하는 데 있어서 기본적으로 필요한 사육장과 바닥재, 조명과 열원 및 은신처 외에 사육장 내에 설치되는 여러 가지 사육용품에 대해 간단하게 알아본다.

■ **먹이그릇, 물그릇** : 먹이곤충을 급여할 때는 임팩션을 방지하기 위해 먹이그릇을 사용하는 것이 바람직하며, 레게에게 적합한 물그릇을 준비해 매일 신선한 물을 제공해야 한다. 물그릇의 경우 너무 깊으면 레게의 접근을 제한하고 익사의 위험이 있으므로 얕은 것으로 준비하는 것이 좋다. 물그릇에 익사한 먹이곤충이나 배설물이 남아 있을 때는 이를 즉시 제거하고 신선한 물로 교체해 주도록 한다.

■ **온·습도계** : 사육장 내부의 온도와 습도를 체크할 수 있는 온·습도계를 준비해야 하며, 온도계와 습도계가 함께 붙어 있는 제품이 사육주 입장에서는 좀 더 효율적이다. 온·습도계는 따뜻한 지역용과 시원한 지역용으로 나눠 두 개를 비치하면 각각의 지역이 허용온도범위 내에서 유지되고 있는지 확인할 수 있으므로 사육장을 효율적으로 관리하는 데 도움이 된다. 디지털온도계를 사용하는 경우 각 면의 최대온도와 최소온도를 확인할 수 있다는 장점이 있다.

■ **유목과 암석** : 레오파드 게코가 앉아서 쉬거나 기어오를 수 있는 장소를 제공하기 위해 바위 또는 작은 유목을 추가할 수 있다. 바위를 사용할 때는 철저하게 세척해서 먼지와 박테리아를 제거하는 것이 중요하며, 날카로운 면이나 모서리가 있는 경우 사육장에 추가하기 전에 부드럽게 만들어줘야 한다. 또한, 유목은 튀어나온 가지를 모두 제거하고 기생충이 있는지 꼼꼼하게 확인해야 한다. 일부 사육주의 경우 모든 기생충을 확실하게 제거하기 위해 사육장에 배치하기 전에 오븐에 넣고 20~30분 동안 가열하기도 한다.

■ **식물과 조화** : 레오파드 게코가 은신처를 벗어났을 때 추가적으로 숨을 장소를 제공하기 위해 살아 있는 식물 또는 조화를 사용할 수 있다. 살아 있는 식물을 사용할

경우, 레게는 채소를 먹지 않기 때문에 섭취에 대한 걱정은 하지 않아도 되지만, 레게에게 해로운 독성은 없는지 확인해야 한다. 살아 있는 식물과 조화 중 어느 것을 선택해야 할지 고민하는 경우 알아야 할 것은, 살아 있는 식물은 시각적으로 보기 좋지만 조화보다 더 지저분할 수 있고 사육장의 습도수준을 증가시킬 수 있다는 단점이 있으며, 사육장이 넓지 않으면 환기나 온도문제로 식물이 잘 자랄 수 없다는 점이다. 반면 조화는 죽거나 시들 염려가 없고, 원하는 곳에 쉽게 배치할 수 있다는 장점이 있으므로 편리하게 이용할 수 있다.

■**백스크린** : 파충류용품 숍에서 일반적으로 판매되는 사육장은 사방이 유리재질로 된 제품인데, 사방이 이렇게 투명하게 개방된 사육장에서는 레오파드 게코가 스트레스를 받을 수 있기 때문에 한쪽 면이라도 막아주는 것이 안정감을 갖게 하는 데 도움이 될 것이다. 이때 백스크린을 이용하면 시각적으로도 보기 좋을 뿐만 아니라 레오파드 게코의 스트레스를 완화시키는 데 매우 유용하다.

백스크린의 형태는 수조 뒷면에 붙이는 필름형태와 수조 안에 입체적으로 세워 붙이는 형태가 있으므로 사육주의 취향에 따라 적절하게 선택하도록 한다. 시중에서 판매되는 기성품을 이용해도 좋고, 손재주가 있는 사육주라면 필요한 재료를 준비해 직접 만들어서 사용하는 것도 레게 사육에 있어서 즐거움을 느낄 수 있는 과정이 될 것이다. (백스크린 만드는 자세한 방법은 도마뱀 사육전문서 '낯선 원시의 아름다운 도마뱀' 136쪽 참고).

02
section

자연에 가까운
비바리움 디자인

필자가 레오파드 게코를 처음 접한 것은 1962년 프랑스 파리의 한 반려동물 숍에서였다. 그때 레오파드 게코는 6자 정도 되는 크기의 비바리움에서 아프리카의 플랫 리자드(Flat lizard, *Platysaurus sp.*), 브라질리안 몽키 프로그(Brazilian monkey frog or Rohde's leaf frog, *Phyllomedusa rohdei*)와 함께 관리되고 있었는데, 레오파드 게코는 사육장의 절반을 건조하게 꾸며준 영역에서 살고 있었다. 필자는 그 숍을 한 번 방문할 때마다 각종 도마뱀의 다양한 행동을 지켜보면서 몇 시간 동안 비바리움을 관찰할 기회를 가졌다. 이러한 경험은 향후 자연상태의 서식지를 모방한 도마뱀 비바리움 디자인에 대해 필자가 흥미를 갖게 하는 초석이 돼줬다.

레오파드 게코는 필수사육용품인 바닥재, 은신처, 물그릇 등을 간단하게 배치한 사육장 안에서도 비교적 잘 지낼 수 있을 것이지만, 더 넓은 범위의 행동을 관찰하고 싶은 사육주라면 보다 큰 사육장을 구입해 설치하고 자연에 가까운 비바리움으로 디자인하는 것이 효과적이다. 기회가 주어지면 레오파드 게코는 보다 입체적으로 꾸며준 사육환경에서 더욱 활발한 활동을 보여줄 것이다.

사막형으로 멋지게 디자인된 비바리움 ⓒ문대승

자연미를 추구하는 비바리움은 실내인테리어 측면에서도 매우 훌륭한 역할을 할 수 있다. 사육상을 올바른 재료로 세팅하면 시각적으로 매우 아름다울 뿐만 아니라, 사면이 유리인 비바리움은 깨끗하고 깔끔하게 보이며 사용하기도 간편하다. 레오파드 게코는 이러한 유형의 사육장을 매우 좋아한다. 일부 파충류의 경우 활동성이 강하고 장식을 흐트러뜨리는 성향이 있기 때문에 자연상태의 세팅을 유지하는 것이 어려운 부분이지만, 레오파드 게코는 움직임이 질서정연하고 마구 요동치며 행동하는 경향이 없어 비바리움 사육장에 적합한 도마뱀이다.

이번 섹션은 파충류를 관리하는 데 있어서 대체 가능한 이러한 유형의 사육장 환경을 독자들에게 소개하기 위해 별도로 구성했다. 필자는 일반적으로 취하는 실용적인 유형의 간단한 사육장 환경보다 자연에 가까운 비바리움이 훨씬 더 보람 있고 흥미로우며, 심미적으로 만족스러움을 준다고 생각한다. 비바리움 사육장은 모래바닥재, 바위무더기, 코르크껍질 그리고 몇 가지 살아 있는 식물들을 추가함으로써 멋진 디스플레이를 연출해낼 수 있다.

그러나 자연에 가까운 비바리움은 신중하게 계획하고 디자인되지 않으면, 간단한 유형으로 세팅된 사육장 환경에 비해 레게가 사고로 부상을 입거나 죽음에 이를 수도 있는 확률이 더 높기 때문에 주의해야 한다. 이러한 이유로 자연에 가까운 비바리움은 귀한 번식개체를 관리하는 데는 권장하지 않는데, 디자인할 때 좀 더 세심한 주의를 기울이면 이러한 위험을 크게 줄일 수 있다.

비바리움을 위한 사육장의 선택

레오파드 게코를 위한 비바리움을 꾸미는 데 있어서 적당한 크기의 사육장은 철망 덮개가 딸린 3자(90cm) 정도 되는 사육장이다. 이보다 더 큰 사육장을 선택할 경우 더욱 흥미로운 디자인을 할 수 있다. 전면이 개방된 사육장(하겐 엑조테라 사육장 스타일)은 내부영역에 용이하게 접근할 수 있기 때문에 가장 좋으며, 상단의 철망 덮개가 개방되고 양면에 플라스틱 환기구가 있는 사육장(Neodesha Plastics or Vision Herpetological) 또한 효과적으로 이용할 수 있다. 비바리움의 바닥재로는 모래와 흙을 혼합한 것을 주로 사용하는데, 모래(화강암풍화토, 석회암 또는 탄산칼슘모래)와 화분용 배양토 또는 피트모스를 2:1의 비율로 섞어 준비한 다음 약 5~8cm 정도 두께로 깔아주도록 한다.

비바리움 사육장은 집 안의 가구와 어울리는 나무로 맞춤제작하거나, 방 안의 코너처럼 사용되지 않는 특별한 공간에 적합하게 만들 수도 있다. 일부 캐비닛형의 경우 골동품처럼 보이도록 디자인하거나, 특별히 윤기 나고 청소하기 쉬운 구조로 제작된다. 비바리움 사육장은 또한 일반적인 수조로도 제작될 수 있다. 인테리어를 염두에 두고 제작된 비바리움 사육장은 그 자체만으로도 시각적으로 멋스럽게 연출된다는 장점을 가지고 있다.

레오파드 게코는 움직임이 질서정연하고, 마구 요동치며 행동하는 경향이 없어 비바리움 사육장에 적합한 도마뱀이다.

성체 레오파드 게코의 경우 1자 반(45cm) 정도의 수조나 비슷한 크기의 플라스틱 케이지에서도 비교적 문제없이 살아갈 수 있지만, 2자(60cm) 정도 크기의 사육장이라면 훨씬 더 좋은 환경이 된다. 이상적으로는 2마리나 3마리를 기르는 경우 적어도 2자 반(75cm)의 크기에서 길러야 한다. 2자 반의 수조를 선택할 경우 기본적으로 필요한 물품은 일광욕등, 은신처, 철망 덮개, 바닥재, 먹이그릇과 물그릇, 온도계 같은 것들이다. 작은 사육장의 경우 바위와 유목을 사용해 수직공간을 만들어줌으로써 레오파드 게코의 관점에서 좀 더 크게 느껴지도록 조성할 수 있다.

많은 다른 게코 종과는 달리 레오파드 게코는 사육장 유리를 타고 올라갈 수 없지만, 만약 바위와 통나무 같은 장식물을 타고 기어오름으로써 사육장 상단에 도달하는 경우에는 탈출할 가능성이 있다. 이를 방지하기 위해서는 사육장의 덮개를 고정시켜줘야 하며, 단단하게 고정된 덮개는 또한 레게에게 과도한 호기심을 가지고 접근하려는 다른 반려동물과 어린아이를 차단하는 효과도 있다.

조경 및 구조물

파충류용품 숍에서 주물플라스틱 또는 콘크리트 은신처에서부터 나무, 바크, 바위에 이르기까지 파충류 사육장의 조경을 위해 이용 가능한 제품들이 다양하게 판매되고 있으므로 이러한 것들을 구매해도 되고, 콘크리트 기반의 혼합물로 사육주가 직접 만들어 사용해도 된다. 다양한 조경구조물을 이용해 자신의 취향대로 비바리움을 디자인하거나 또는 집 안의 분위기에 맞게 사육장 환경을 조성할 수 있다. 조경구조물을 배치할 때는 안전을 위해 무게가 중앙에 집중되지 않도록 넓은 영역에 걸쳐 분산시켜야 한다는 점을 명심하도록 한다.

■**바위** : 바위를 사용할 때 보기 좋게 세팅하기 위해서는 많은 수의 바위가 필요한데, 이것이 문제를 일으킬 수도 있는 부분이다. 필자는 예전에 6자(180cm)짜리 비바리움에 레오파드 게코를 기르고 있었는데, 조경을 위해 사용한 105kg의 바위가 사육장 바닥으로 떨어지는 바람에 엉망이 돼버린 적이 있다. 만약 바위가 레게에게 떨어졌다면 심각한 부상을 입거나 사망에 이를 수도 있는 위험한 상황이었다. 다행히 다친 녀석들은 없었지만, 그 일은 필자에게 사막형 비바리움의 조경에 대한 교훈을 가르쳐준 계기가 됐다.

이처럼 많은 수의 바위를 쌓아 올릴 경우 필자가 겪은 것과 같은 사고위험을 방지하기 위해서는 바위가 움직이지 않도록 제자리에 단단하게 고정시키는 것이 중요하며, 이때 에폭시(epoxy; 열을 가했을 때 빨리 굳으며 접착력이 강해 코팅용이나 접착제, 보호용 코팅 등에 많이 사용된다) 또는 실리콘접착제를 이용하는 것이 효과적이다. 에폭시와 실리콘접착제는 모두 접착력이 매우 뛰어나기 때문에 유용하게 사용할 수 있으며, 쉽게 구입할 수 있고 사용방법도 간편하다.

바위조경물을 사용할 때는 특히 안전에 주의한다.

많은 수의 바위를 쌓아 올릴 경우 무너지는 사고를 방지하기 위해 제자리에 단단하게 고정시켜줘야 한다.

모래 같은 바닥재에 평평한 바위를 배치할 때는 특히 주의해야 한다. 레게가 바위 밑을 파고 들어갈 경우 바위가 떨어지거나 무너질 수 있고, 그 과정에서 레게기 비위에 깔리거나 갇힐 수 있다. 이때도 평평한 바위 밑에 에폭시 또는 실리콘접착제를 약간 붙여주면 이러한 위험을 방지할 수 있다. 구조물에 에폭시나 실리콘접착제를 사용할 때는 완전히 경화시킨 다음 사육장에 세팅해야 한다. 경화과정에서 발산되는 냄새는 흡입 시 사육주와 레게 모두에게 해로울 수 있으므로 환기가 잘 되는 곳에서 작업해야 하며, 제품에 명시된 지침을 주의 깊게 따르도록 한다.

많은 수의 바위를 사용하는 대신 간단하게 나무의 넓은 단면을 사용할 수도 있는데, 나무는 바위에 비해 훨씬 가볍다는 장점이 있다. 코르크바크 단면에 나뭇조각을 결합하면 효과가 더욱 좋고, 선반과 은신처를 쉽게 만들 수 있다. 발포폴리스티렌(polystyrene foam, 흔히 말하는 스티로폼)을 콘크리트로 감싸서 인공적인 바위조경물을 만들어 사용하는 방법도 있으며, 이때 더 자연스러운 색상을 내기 위해 콘크리트염료를 혼합물에 추가해 사용할 수 있다. 또한, 흙 또는 물이끼와 콘크리트를 혼합해 바위 같은 구조물을 만들어 사용할 수도 있다.

조경을 위해 바위와 나무를 사용할 때 제대로 된 층을 이루기 위해서는 바닥재의 무게와 균형을 맞춰야 하므로 비바리움의 무게보다 더 나가지 않도록 구조물의 무게를 적절하게 제한해야 한다. 평평한 바위 또는 안전한 코르크바크 단면을 부분적으로 겹치게 함으로써 단층형의 은신처와 일광욕장소를 구성해주면 좋다. 또한, 레오파드 게코가 지상에서 높은 지역으로 올라갈 수 있도록 나무껍질 또는 두꺼운 나무 단면을 이용해 경사로를 만들어줄 수 있다.

■ **터널과 동굴** : 터널이나 동굴의 한쪽 면을 사육장의 전면 벽을 향하도록 붙여서 설치하면 레게가 들어가 자고 있는 동안 자는 모습을 사육주가 관찰할 수 있다. 석고와 같은 형태로 사용할 수 있는 여러 가지 재료를 구입해 동굴이나 터널의 유형을 직접 만들 수 있으며, 바닥재에 맞게 염료도 사용할 수 있다. 석고형 재료의 경우 굳기 전에 표면에 모래를 뿌려주면, 동굴이나 터널을 더욱 자연스럽게 보이게 하는 효과가 있다. 또한, 석고형 재료를 비바리움 사육장의 뒷벽에 덮어 바르면 사실적인 사암절벽의 모양을 만들 수 있으며, 이때 절벽을 울퉁불퉁한 선반형태로 만들어주면 레오파드 게코가 기어올라가 탐색하는 모습을 관찰할 수 있다. 여기에 다육식물을 추가하면 자연의 서식지처럼 보이도록 세팅된다(비바리움 사육장에 안전한 식물에 대한 좀 더 자세한 내용은 82페이지의 '살아 있는 식물' 참고).

■ **은신처** : 터널이나 동굴과 마찬가지로 레오파드 게코의 은신처를 사육주가 관찰할 수 있는 표면과 맞닥뜨리게끔 디자인해 설치할 수 있다. 은신처는 파충류

동굴이나 터널의 한쪽 면을 사육장의 전면 벽을 향하도록 붙여서 설치하면 레게가 들어가 자고 있는 동안 자는 모습을 사육주가 관찰할 수 있다.

은신처는 시중에 판매되고 있는 도마뱀용 제품을 구매해도 되고, 간단하게 직접 만들어 사용해도 된다.

용품 숍에서 도마뱀용으로 특별하게 제작된 제품을 구입해 사용할 수 있고, 플라스틱 음식저장용기로 간단하게 만들어 사용할 수도 있다. 은신처의 크기는 약 1ℓ 정도 되는 용기가 레게 한 마리를 기르는 데 적당하다. 은신처를 직접 만들 때는 레게가 출입할 수 있도록 상자의 한쪽 측면에 약 4cm 정도 크기의 구멍을 뚫어준다. 레게가 바닥을 파는 동안 바닥재가 상자 밖으로 튀어나가지 못하도록 하기 위해 높은 위치에 구멍을 만들어주고, 은신처 내부의 습도가 증가할 수 있도록 젖은 물이끼 같은 재료로 은신처의 반 정도를 채워 넣는다.

레오파드 게코가 안전하다고 느끼게 하고 자연서식지라는 착각을 갖도록 하기 위해 은신처를 바위 또는 나무껍질 뒤에 숨길 수 있는데, 일반적으로 비바리움 사육장의 뒤쪽에 배치하는 것이 가장 관리하기 편하고 안전하다. 이렇게 배치하면 청소 등의 관리를 위해 은신처를 제거할 필요가 있을 때 장식물을 최대한 훼손시키지 않고 쉽게 안팎으로 빼고 넣을 수 있다. 은신처를 배치하고 난 다음 주위에 돌을 쌓거나 또는 조각재료로 직접 만들어 동굴에 끼워 넣을 수 있다.

살아 있는 식물

장식적인 목적을 위해 비바리움에 살아 있는 식물을 추가할 수 있다. 모양과 크기가 다양한 산세비에리아(*Sansevieria spp*, Snake-plant)의 경우 넓고 얕은 화분에 바닥재를 채워 심어서 배치할 수도 있고, 조경구조물 뒤쪽 지역의 모래혼합물 바닥재에 직접 심어 관리할 수도 있다. 풀 같은 잎들이 달린 놀리나(Pony-tailed palm or Elephant's foot, *Beaucarnea recurvata*) 또한 비바리움에서 잘 자라는 식물이다.

다육식물은 가시가 없는 것이라면 사육장 내에 무난하게 심을 수 있으며, 하월시아류(Haworthias, *Hathworthia*, 하월시아속의 선인장)와 알로에 둘 다 아주 잘 자란다. 필로덴드론(Philodendron, *Zamiaculcas zamiifolia*, 아프리카 원산의 수근성 다년초로 밝은 그늘에서 잘 자람), 클라이밍 알로에(Climbing aloe, *Aloe ciliaris*), 줄기무화과(Caudexed figs, *Ficus petiolaris*)도 선택할 수 있다. 푹신하고 가시가 거의 없는 부채선인장(Opuntia, *Collsolea falcate*)은 비바리움에서 잘 적응하는 선인장 중 하나로 주간조명(2~4 형광등)의 수준을 양호하게 유지해주면 건강하게 자라는 식물이다. 리빙스톤(Living stone, *Lithops*)이라고 불리는 남아프리카 다육식물도 비바리움 사육장에 은은함을 더해준다.

대극(Spurge, *Euphorbia*, 등대풀속) 같은 일부 다육식물은 가시가 없는 반면 독성이 있는 수액을 발산할 수 있으므로 이러한 유형의 식물은 피하도록 한다. 레오파드 게코는 이러한 식물들을 먹지 않지만 귀뚜라미가 먹을 수 있는데, 귀뚜라미가 이 식물을 먹고 다시 레오파드 게코가 식물을 먹은 귀뚜라미를 섭취한 경우에 문제가 될 수 있다. 레오파드 게코가 사막 출신임에도 불구하고 선인장에 부상을 당하는 경우가 있으므로 뾰족뾰족한 가시가 있는 식물도 피하도록 한다.

비바리움에 살아 있는 식물을 추가할 때는 레게에게 해로운 독성이 있는지 확인하도록 한다.

사육장 내에 은신지역이 많고 식물이 많이 심어진 환경에서는 레게가 자연스럽게 행동하는 것을 볼 수 있다.

바닥재로 바위나 자갈을 사용했을 경우에는 화분에 심어진 식물을 그대로 담아두고 그 화분을 통째로 바닥에 묻으면 된다. 많은 화초들이 모래로만 조성돼 있는 곳에서는 잘 자라지 않는데, 만약 바닥재로 모래를 사용한 경우 모래에 직접 식물을 심고 싶다면 식물을 심을 구역의 바닥에 약간의 화분용 흙을 혼합해 주도록 한다. 이때 식물은 튼튼하고 사막에 사는 종으로 선택하는 것이 바람직하다.

동굴과 은신지역이 많고 식물이 많이 심어진 사육장에서는 레게가 자연스럽게 행동하는 것을 많이 볼 수 있게 될 것이다. 이러한 환경에서 레게는 안정감을 느끼게 되고, 아무것도 없는 환경에서보다 사육장 주변을 더 대담하게 탐색하기 때문에 결과적으로 사육주가 레게를 볼 수 있는 기회가 더욱 많아지게 된다.

조명과 열원

살아 있는 식물의 대부분은 높은 수준의 빛을 필요로 하므로 사육장에 살아 있는 식물을 배치할 경우에는 적절한 조명을 추가해줘야 한다. 유리로 제조된 사육장에 비치는 직사광선은 사육장을 빠르게 과열시켜 레오파드 게코를 사망에 이르게 할 수 있다. 따라서 광원을 제공할 목적으로 햇빛에 직접적으로 노출되는 창 근처에 사육장을 설치하는 것은 결코 바람직하지 않다는 점을 기억하자.

일광욕영역을 제공하기 위해 바위무더기 또는 나무가 있는 지역에 스포트라이트를 배치한다.

풀스펙트럼 형광등(ex. 비타라이트-Vita Lite)을 두 개 설치하면 살아 있는 식물을 위한 조명과 일반조명의 품질을 동시에 충족시켜주므로 유용하게 관리할 수 있다. 만약 칼라드 리자드(Collared lizard, *Crotaphytus collaris*)와 아르마딜로 리자드(Armadillo lizard, *Ouroborus cataphractus*) 등 일광욕을 하는 주행성 도마뱀을 레게와 같은 비바리움에서 관리하는 경우, 풀스펙트럼 전구 중 하나를 빼고 그 대신 파충류용 UVB 형광전구(예를 들어, Zoo Med에서 나온 Rep-tisun 5.0 또는 reptile D-Light)를 사용한다. 4자(120cm) 정도 되는 크기의 비바리움 사육장에 일광욕영역을 제공하기 위해서는 바위무더기 또는 나무가 있는 지역에 한 개 또는 두 개의 스포트라이트를 배치한다.

레오파드 게코를 단독으로 기르는 경우 일광욕지역은 29.4~32.2℃로 유지해야 하며, 주행성 도마뱀과 함께 기르는 경우 조명에 가장 가까운 지역을 측정했을 때 32.2~35℃를 유지해야 한다. 광주기를 조작하기 위해 조사시간을 하루에 10시간으로 감소시켜야 할 때인 겨울철 2~3개월 동안을 제외하고는, 하루에 14시간 동안 조명을 켜줘야 한다. 가벼운 열을 제공하고 레오파드 게코의 야행성 행동을 관찰할 수 있도록 하기 위해 밤에는 25W짜리 붉은 전구를 1개 또는 2개 사용한다. 록히터 타입의 히터는 보조열원으로 사용할 수 있는데, 높은 열을 내는 사막형태보다는 낮은 열 범위를 제공하는 형태의 제품을 사용하는 것이 좋다.

다른 동물과의 합사

비바리움의 크기가 큰 경우 레오파드 게코 성체와 다른 도마뱀을 합사해 기르는 것이 가능하다. 레게와 합사하는 도마뱀은 비슷한 크기에 습성은 다른 종이어야 하며, 습성은 다르지만 비슷한 기후와 지형적 특성을 띠는 서식지 출신이어야 한다. 예를 들어, 서식지가 비슷하면서 낮 동안 활동하는 칼라드 리자드와 밤에 활동하는 레게를 합사하는 식이다. (사막의 적당한 상대온도는 낮 시간에는 26℃ 이상 35℃ 이하로 높아야 하며, 밤에는 20~24℃로 떨어뜨려 일교차를 제공해야 한다). 필자의 경우 레게와 칼라드 리자드(Collared lizard, *Crotaphytus sp.*) 한 쌍을 같은 사육장에서 성공적으로 기른 경험이 있다. 남아프리카공화국의 플랫 리자드(Flat-lizard, *Platysaurus sp.*)와 거들 테일 리자드(Girdle-tailed lizard, *Cordylus sp.*)도 레게와 합사해 기를 수 있는 종이다.

다른 종을 합사할 때는 비바리움에 넣기 전에 모든 개체를 격리해 질병 유무에 대한 검사를 실시해야 한다. 또한, 레게와 다른 종을 합사해서 성공적으로 관리했다는 사례는 극히 드물기 때문에 항상 세심하게 모니터해야 한다. 일부 종들은 잘 지낼 수 있지만, 그렇지 않은 경우 문제가 발견됐을 때 즉시 격리시켜야 한다.

칼라드 리자드는 크기 및 습성을 고려할 때 레오파드 게코와 합사해 기를 수 있는 종이다.

Chapter 04

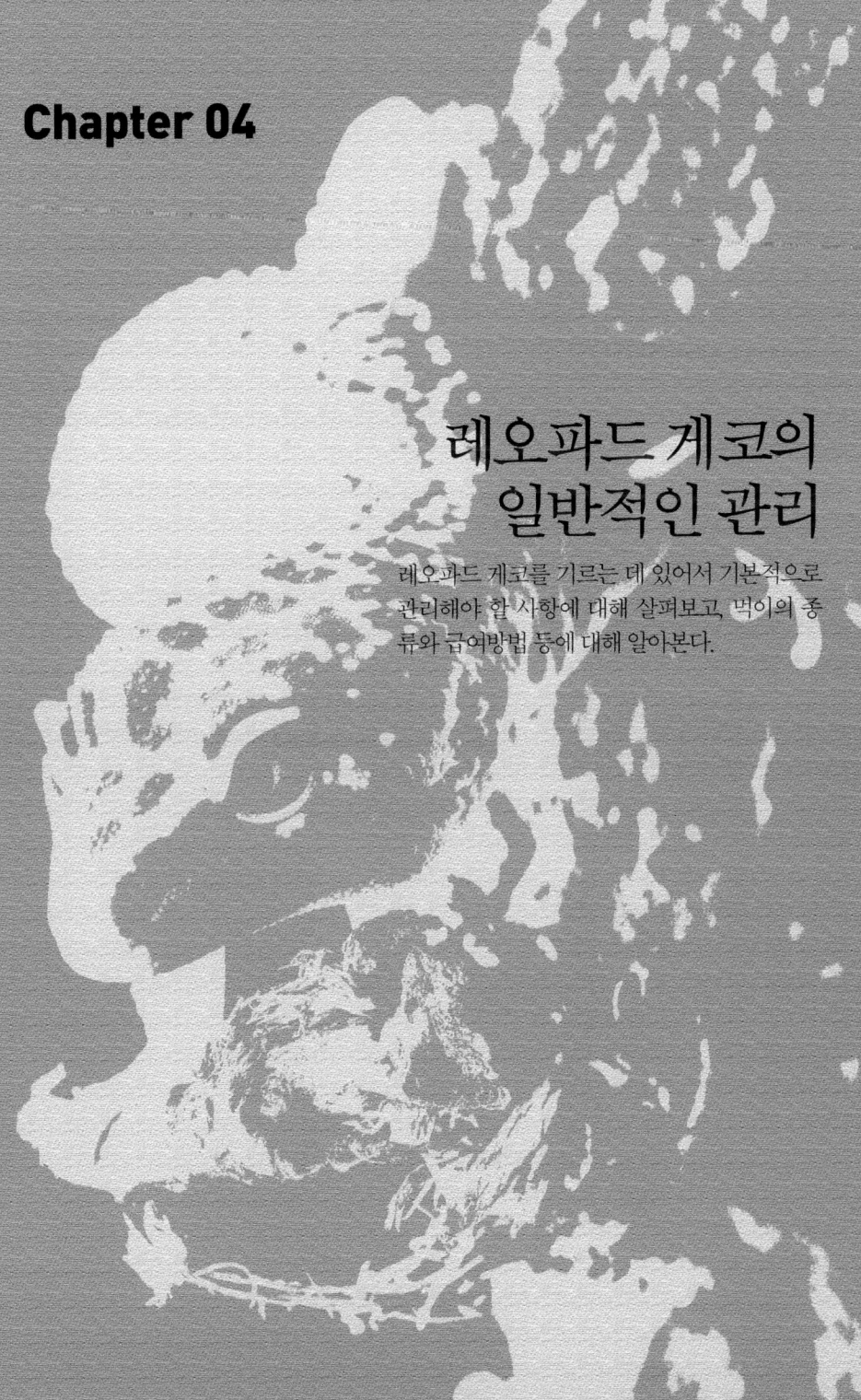

레오파드 게코의 일반적인 관리

레오파드 게코를 기르는 데 있어서 기본적으로 관리해야 할 사항에 대해 살펴보고, 먹이의 종류와 급여방법 등에 대해 알아본다.

01 section

사육장 및 사육환경 관리

이번 섹션에서는 레오파드 게코를 사육하는 과정에서 사육주가 항상 확인하고 점검해야 할 항목에 대해 좀 더 자세히 알아보도록 한다. 레오파드 게코에게 최적의 사육환경을 제공하고 또 그것을 적절하게 유지하기 위해 사육주가 숙지하고 있어야 할 부분들은 다음과 같다.

조명 관리

앞서도 언급했듯이, 레오파드 게코는 야행성이며 식단에서 비타민D를 얻기 때문에 UVB등을 필요로 하지는 않는다. 그러나 빛은 필요하며, 일광욕등을 달아 레게의 자연서식지인 중동(아시아 서남부에서 아프리카 동북부에 걸친 지역)지역의 환경과 동일한 주기로 광주기를 제공하는 것이 바람직하다. 즉 여름에는 14시간 동안 빛을 조사해주고 10시간 동안은 어두운 환경을 제공해야 하며, 겨울에는 12시간 동안 조사해주고 12시간 동안은 어둡게 해줘야 한다. 여름에서 겨울로 넘어가는 시기에는 총 4~8주 동안 1주당 15~30분 간격으로 점차적으로 맞춰주도록 해야 한다.

사육주는 항상 자신의 레게에게 최적의 사육환경을 제공하고 또 그것을 적절하게 유지하기 위해 노력해야 한다.

조명을 켜고 끄는 작업에 소홀해지지 않도록 자동타이머를 설치해 사육주가 원하는 설정으로 세팅해놓는 것이 좋으며, 저녁 식사시간이나 밤 시간에 일광욕등이 꺼지도록 타이머를 설정해놓으면 레오파드 게코가 활동하는 모습을 관찰할 수 있다. 사육장 내의 일광욕등이 꺼지면, 레오파드 게코는 집 안의 등이 켜져 있어도 활동을 시작할 것이다. 이때는 사육주가 레오파드 게코의 행동을 눈으로 확인할 수 있기 때문에 먹이를 급여하기에 좋은 시간이라고 할 수 있으며, 먹이곤충에게 천천히 접근하는 레오파드 게코의 모습은 매우 흥미로운 광경이 될 것이다.

레오파드 게코는 야행성이기 때문에 밝은 흰색빛이나 UV빛에 노출돼서는 안 되며, 특히 레게가 가장 활발하게 활동하는 시간인 밤에 사용해서는 안 된다. 지나치게 밝은 빛은 레게에게 스트레스를 유발할 수 있기 때문이다. 또한, 사육주의 조명주기는 레게가 생존을 위해 진화·적응된 조명주기와 다를 수 있기 때문에 창문으로 들어오는 자연광은 레게 사육장의 광원으로서 권장하지 않는다.

온도 관리

레오파드 게코는 스스로 체열을 생성할 수 없기 때문에 주위 환경의 온도에 의존해 체온을 유지한다. 이러한 이유로 정확한 양의 열을 제공하는 것이 매우 중요하며, 사육장을 최적의 온도로 유지해줘야 한다. 또한, 섭취한 먹이를 제대로 소화시키기 위해 높은 온도를 필요로 하므로 레게가 원하는 온도대를 적절하게 맞춰줘야 한다. 부적절한 온도는 소화문제와 심각한 건강문제를 초래할 수 있다.

자연상태에서 레게는 밤에 출현해서 낮 동안 태양에 의해 가열된, 따뜻한 바위 위에 올라 활동을 시작한다. 따라서 적절한 열원을 이용해 레게에게 따뜻한 지역을 제공할 수 있도록 한다. 히팅 매트를 설치해 사육장의 온도를 적절한 수준으로 유지해 주도록 하고, 히팅 매트를 설치했음에도 불구하고 사육장 내에 적당한 열이 유지되지 않는 경우, 낮에는 일광욕등을 사용하고 밤에는 적외선 히팅 램프를 이용해 열을 제공해 주도록 한다. 레오파드 게코가 다른 파충류처럼 실제로 조명 아래에서 일광욕을 하지는 않지만, 조명이 꺼진 후에도 조명 아래 바닥재에 남아 있는 잔류열을 취할 수 있다.

보통 사육장 내에 따뜻한 지역과 시원한 지역을 동시에 제공하는데, 이렇게 해주면 레게가 온도변화에 따라 두 지역을 왔다갔다 하면서 체온을 조절하기 때문에 과열되거나 너무 낮아지는 것을 방지할 수 있다. 일반적으로 일광욕 영역이 따뜻한 지역이 되며, 낮동안 일광욕장소의 온도는 일광욕등을 이용해 30.5~32.3℃로 맞춰줘야 한다. 레게의 몸이 과열될 수 있으므로 34.5℃ 이

레게에 있어서 정확한 양의 열을 제공하는 것은 매우 중요하므로 사육장의 온도를 최적으로 유지해줘야 한다.

레게에 있어서 정확한 양의 열을 제공하는 것은 매우 중요하므로 열원을 세심하게 관리해야 한다.

상 올라가지 않도록 주의한다. 시원한 영역은 23.3~26.6℃로 유지돼야 하며, 이러한 조건을 제공하기 위해 밤 동안은 사육장의 온도를 21~23.8℃로 낮춰줄 필요가 있다. 일광욕등은 열과 빛을 동시에 제공하기 때문에 여러 개의 전구를 구입할 필요는 없으며, 레게는 풀스펙트럼 조명을 필요로 하지 않으므로 비싼 파충류용 전구를 따로 구입하지 않아도 된다. 사육장의 크기와 사육장을 설치할 방의 실내온도에 따라 필요한 와트 수가 달라지는데, 방의 온도가 21℃이고 사육장이 약 2자 반(75cm)일 경우 일반적으로 40~60W 전구를 이용하면 따뜻한 지역은 약 29℃, 서늘한 지역은 약 24℃로 유지할 수 있다(낮 동안 레게에게 가장 적합한 온도대).

밤 시간 동안 레오파드 게코에게 열을 제공하는 적외선열램프는 조명의 색이 야행성 동물에게 사용할 수 있도록 특수하게 디자인돼 있기 때문에 레게의 활동에 영향을 미치지는 않는다. 밤에 사육장의 온도가 20~22℃로 떨어지는 것은 안전하다고 볼 수 있으며, 만약 집 안의 온도가 야간에 비정상적으로 낮아지는 경우에는 히팅 매트를 이용해 사육장 내의 최저온도를 유지해 주도록 한다.

히팅 매트는 일광욕등과 마찬가지로 레오파드 게코가 시원한 영역을 사용할 수 있도록 사육장 바닥면적의 일부분만 차지하게끔 설치하는 것이 바람직하다. 히팅 매트는 사육장 내의 기온을 따뜻하게 해주는 것은 아니지만, 일부 지역을 따뜻하게 만들어줄 수 있다. 히팅 매트를 사용할 때는 자동온도조절기를 연결해서 바닥이 너무 뜨거워지지 않도록 관리하는 것이 좋다. 일부 제품의 경우 자동온도조절장치가 내장돼 있기도 한데, 이렇게 자동온도조절장치가 포함돼 있는 경우라도 온도계를 별도로 비치해서 바닥의 온도를 수시로 확인하는 것이 안전하다.

정기적으로 사육장 내의 온도가 적절하게 유지되고 있는지 점검해야 하며, 비바리움의 경우 온도계를 2개 배치해서 사용하면 따뜻한 쪽과 서늘한 쪽의 온도를 모두 확인할 수 있으므로 좀 더 효율적으로 관리하는 데 도움이 된다. 일광욕등 바로 아래 또는 히팅 매트 바로 위에 온도계 하나를 배치하고, 다른 한 개는 서늘한 지역의 끝부분 바닥에 배치하도록 한다. 집 안 구석구석의 온도를 확인해두면 사육장 주변의 온도에 따라 사육환경을 조절하는 데 도움이 될 것이다. 만약 집 안에 에어컨이 없는 경우, 더운 여름철에는 온도가 높아지면 일광욕등이 꺼지도록 설정할 수 있다.

습도 관리

습도는 대부분의 파충류에 있어서 매우 중요한 환경조건이다. 많은 사막 출신 게코들과 마찬가지로, 레오파드 게코는 적당한 수준의 상대습도가 유지되는 환경에서 더 잘 지낸다. 일부 연구(Nunan, 1987)를 보면 사막 출신 게코의 은신처 또는 굴 내부의 상대습도가 높은 것으로 나타났으며, 게코 전문 파충류학자들은 지상에 사는 레오파드 게코의 은신처 내에 상대습도가 증가하는 경우, 탈수속도가 감소

은신처 내의 적절한 상대습도는 레오파드 게코의 전반적인 건강을 증진시키는 효과가 있다.

되고 탈피가 촉진되는 효과가 나타난다고 보고한 바 있다. 레오파드 게코는 건조한 지역에 서식하고 있지만, 습기가 있는 땅 아래에서 많은 시간을 보낸다. 따라서 적절한 상대습도는 레오파드 게코의 전반적인 건강 또한 증진시키는 효과가 있다. 레오파드 게코 사육장의 습도는 20~40%가 적당하며, 사육장의 습도수준을 정기적으로 모니터해서 적절하게 조절해줘야 한다. 습도가 너무 높은 경우 사육장 내에 공기의 흐름이 증가되도록 환기를 시키고, 작은 물그릇을 넣어놓는다. 습도가 너무 낮은 경우에는 큰 물그릇이나 촉촉한 이끼를 추가해주면 좋다.

레오파드 게코가 필요로 하는 습도를 유지하는 가장 이상적인 방법은 사육장 한쪽 구석에 젖은 물이끼를 깔아놓은 습식 은신처를 비치하는 것이다. 은신처에 젖은 모래혼합물과 버미큘라이트(vermiculite, 질석)를 담아 비치하고, 여기에 대형 은신처를 함께 사용하는 방법도 좋다. 정기적으로 물을 보충해 수분함량을 유지해 주도록 한다. 이러한 방법은 특히 해츨링과 주버나일 개체의 관리에 유용하다.

상대습도와 절대습도

- **상대습도**(relative humidity) : 상대습도란 습한 공기 속에 함유돼 있는 수증기량과 같은 온도에서의 포화수증기량의 비를 백분율로 나타낸 것이다. 현재 포함한 수증기량과 공기가 최대로 포함할 수 있는 수증기량(포화수증기량)의 비를 퍼센트(%)로 나타내며, 단순히 습도라고 할 때는 상대습도를 가리키는 경우가 많다. 포화수증기량은 온도에 따라서 변하기 때문에 공기가 포함한 수증기량이 일정해도 상대습도는 온도에 따라 다른 값을 가진다. 예를 들어, 일기예보에서 현재 습도가 100%라고 한다면, 모든 공간이 물로 가득 차 있다는 뜻이 아니라 현재 공기 중에 있는 수증기량이 현재 온도의 포화수증기량과 같다는 뜻이다. 더운 공기가 찬 표면에 닿으면 공기의 온도가 내려가고, 온도가 내려가면서 상대습도가 100%에 도달하게 된다. 더 이상 기체상태로 존재할 수 없는 수증기가 응결돼 차가운 표면에 달라붙는데, 이러한 현상을 '김이 서린다'라고 표현한다. 추운 겨울날 유리창 표면에 김이 서리는 것을 볼 수 있는데, 이는 습기를 많이 포함한 방 안의 더운 공기가 차가운 유리창과 만나 온도가 떨어지면서 포화수증기량이 낮아짐에 따라 수증기가 응결돼 일어나는 현상이다.

- **절대습도**(absolute humidity) : 공기 1㎥ 중에 포함된 수증기의 양을 g으로 나타내며, 수증기밀도 또는 수증기농도라고도 한다. 절대습도는 기온에 따라 수증기가 공기에 포함될 수 있는 최대값이 정해져 있으며, 그 값은 기온이 높으면 커지고 낮으면 작아진다. 일반적으로 기온이 높은 여름철에는 절대습도가 높고, 기온이 낮은 겨울철에는 낮다. 절대습도와 상대습도는 모두 공기의 습한 정도를 나타내는 지표로 공기 중의 수증기량이 많으면 두 지표 모두 상승하지만, 상대습도는 공기 중의 수증기의 포화 정도를 나타내는 지표로서 온도의 영향을 받는다는 점에서 차이가 있다.

만약 상대습도가 낮은 지역에 살고 있고 레오파드 게코에게 탈피문제가 있다면, 은신처의 습도를 높여줄 필요가 있다. 바닥재로 모래를 사용하고 있는 경우라면 단순히 일주일에 한두 번씩 은신처 내부의 바닥재를 축축하게 적셔주면 된다. 작은 플라스틱 반찬통을 습식 은신처로 사용하는 것도 괜찮다. 용기의 양옆에 구멍을 뚫어주고, 바닥에 발포고무스펀지를 깔아주면 약간 촉촉하게 유지할 수 있다. 부적절한 습도는 탈피의 원활한 진행을 방해하고, 세균감염의 가능성을 증가시킬 수 있다. 레게는 탈피를 시작할 때 피부를 부드럽게 만들기 위해 습도를 필요로 하며, 습도가 적절하게 유지되지 않으면 탈피과정을 무사히 완료하기 어렵다.

탈피 되지 않은 피부 조각이 그대로 남아 있는 경우 표피 아래층의 괴사로 이어질 수 있으며, 탈피되지 않은 피부로 덮인 부분은 검게 변하고 세균감염을 유발한다. 발가락의 피부가 불완전하게 탈피된 경우는 레게에게 심각한 영향을 미칠 수 있다. 탈피되지 않은 피부가 혈액순환을 차단하고 그 영향을 받은 발가락은 괴사되거나 떨어지게 되는데, 이는 치명적인 세균감염으로 이어질 수 있다. 공기 중의 습도수준은 또한 장기적으로 호흡기건강에 영향을 미칠 수 있다.

청소 관리

레오파드 게코는 사육장 내의 특정한 위치에 배변을 하는 습관을 가지고 있고, 또한 레게의 대변은 상대적으로 건조해 쉽게 퍼낼 수 있기 때문에 배설물을 청소하는 것은 비교적 간단하다. 소변은 별도로 배설하지 않고 대변과 함께 하얀색의 건조한 요산염 형태로 배설된다. 만약 사육장의 대소변 얼룩 청소를 일주일에 한두 번 정도로 자주 해준다면, 사육장 내에 냄새가 발생하지는 않는다.

배설물을 퍼낼 때는 낡은 숟가락이나 플라스틱 숟가락 또는 파충류용품 숍에서 판매되고 있는 배설물청소용 도구를 이용해 간단하게 처리할 수 있으며, 이때 레오파드 게코를 피해 다니다 죽었을 먹이곤충들도 제거해주는 것이 좋다. 배설물과 죽은 곤충을 제거할 때 바닥재도 조금씩 제거되므로 가끔 바닥재를 채워 넣어주는 것이 필요하며, 필요에 따라 적절한 시기에 전체를 교체해 주도록 한다.

물이 배설물의 요산과 결합되면 암모니아가 생성되므로 사육장을 습하게 관리해서는 안 되며, 적절하게 환기를 시켜줘야 한다. 특히 밀폐된 플라스틱 수납박스에 기르는 경우 배설물을 제때 제거하지 않으면, 암모니아가 레게의 눈과 피부 및 호흡기에 유해한 영향을 미칠 수 있다.

또한, 밀폐된 사육장에 있는 여분의 수분은 피부와 발가락의 감염으로 이어질 수도 있다. 일주일에 한 번 은신처를 확인하고, 건조하지 않게 바닥 안쪽에 물을 뿌려주는 것이 좋다. 또한, 미처 못보고 지나쳤을지도 모를 배설물과 죽은 먹이곤충을 확인하기 위해 바닥재와 바위 틈새를 구석구석 확인해야 한다.

레오파드 게코의 주기별 관리사항

매일 점검하기
- 온도와 습도가 적절한 범위인지 확인한다.
- 신선한 물을 공급한다.
- 먹이급여 권장방침에 따라 먹이를 제공한다.
- 휴대용 스프레이로 분무를 해 습도를 높여준다.
- 눈에 띄는 배설물을 제거한다.
- 바닥재로 종이를 사용하는 경우 교체해준다.

매주 점검하기
- 먹이그릇과 물그릇을 철저하게 세척한다.
- 유리사육장의 경우 유리를 세척한다.
- 남아 있는 배설물을 찾아 제거한다.

매월 점검하기
- 배설물 또는 구조물에 요산 등이 남아 있지 않도록 사육장 내부를 철저하게 청소한다.
- 레게의 몸무게를 재고 이를 기록한다.

6개월마다 점검하기
- 풀스펙트럼 램프를 사용하고 있는 경우 제대로 작동이 안 되면 이를 교체해주고(인간은 육안으로 자외선을 볼 수 없기 때문에 단지 보는 것만으로 UV빛의 방출 여부를 판단하기 힘들다), 교체한 날짜를 기록한다.
- 바닥재 전체를 교체해준다.

레게를 건강하게 기르기 위해서는 주기별 관리사항을 잘 숙지해 쾌적한 환경을 제공해줘야 한다. ⓒmonkeystyle

식물의 관리는 사육주가 선택한 종에 따라 달라질 수 있다. 대부분의 다육식물과 사막식물은 이따금 건조기간을 주고, 많아야 일주일에 한 번 물을 뿌려주면 된다. 비바리움의 경우 사육장에 추가할 식물을 선택할 때는 유형에 따른 각각의 특성을 신중하게 확인해야 하며, 식물 관리를 기본적인 일상관리에 포함시켜야 한다.

플라스틱 케이지에 바닥재로 키친타월을 깔고 레게를 기르는 경우 키친타월은 매일 교체해줘야 하고, 케이지는 일주일에 한 번 또는 그 이상 세척해야 한다. 이때 물에 20%로 희석한 락스 용액을 이용하면 세척이 용이하며, 물그릇과 먹이그릇은 식기세척용 세제로 세척한다. 많은 수의 레게를 플라스틱 수납박스에서 관리할 때는 모든 용기를 일 년에 적어도 2회 이상 염소용액에 담가 소독을 해야 한다. 이러한 작업들은 사람의 음식을 준비하는 싱크대를 피해 욕실이나 세면대 등에서 진행해야 하며, 세척을 다 끝낸 후에는 염소용액이 남지 않도록 철저하게 헹궈내고 물기를 완전히 건조시켜야 한다. 작업한 장소 또한 깨끗이 세척해야 한다.

바닥재로 모래를 두껍게 깐 비바리움 사육장은 정기적으로 지저분한 얼룩 청소를 계속해 나간다면 특별히 분해해서 세척할 필요는 없다(질병이 발생했을 경우는 제외). 비바리움 사육장의 유리는 물과 키친타월을 이용해 안팎을 깨끗하게 닦아줘야 하며, 유리에 얼룩이 있는 경우에는 20%로 희석한 식초용액을 넣어 안팎을 닦아주면 좋다. 유리세정제를 이용할 때는 세정제를 50%로 희석한 용액을 종이타월에 묻혀 사용하도록 하고, 물기가 남지 않도록 양쪽 면을 모두 잘 닦아줘야 한다.

안전 관리

사육장을 세팅할 때 고려해야 할 가장 중요한 것은 레오파드 게코에 대한 안전이다. 발생 가능한 모든 상황을 염두에 둬야 하고, 필요한 경우 적절하게 조정해야 한다. 반드시 적합한 재료만 사용해야 하며, 모든 구조물의 가장자리는 매끄럽게 유지해야 한다. 여러 개의 바위를 세팅했을 경우 겉으로는 안전하게 보이더라도 레게가 굴을 파면서 더미가 무너질 수 있으므로 모든 바위는 실리콘접착제를 이용해 제자리에 고정시키도록 한다. 실리콘접착제를 사용할 때는 사육장에 레게를 넣기 전에 적절하게 시간이 지났는지 확인해야 하는데, 실리콘접착제는 굳는 동안 유독가스를 배출하며, 이는 사육주뿐만 아니라 레게에게도 해를 입힐 수 있다.

일광욕등은 레오파드 게코의 몸이 닿지 않는 곳에 설치해야 한다. 레게가 추위를 느끼면 체온을 높이기 위해 등에 다가갈 수 있고, 이때 너무 가까이 가면 레게의 몸이 과열되거나 화상을 입게 될 위험이 있다. 또한, 조명기구나 열원으로 인해 화재가 발생할 수 있으므로 항상 주의 깊게 살펴 관리해야 한다. 레게가 움직이다가 조명기구를 전복한 경우 가연성물질에 너무 가까이 엮여 있거나 또는 열원이 고장났을 때는 화재의 위험이 따르게 된다. 이러한 위험을 방지하기 위해 원칙적으로 열원과 조명기구가 있는 방에는 연기탐지기를 설치하는 것이 바람직하다.

실내난방기는 자동온도조절장치를 연결해 사용하는 것이 좋으며, 자동온도조절장치가 고장나거나 제대로 조절되지 않을 경우 위험이 따른다. 온도가 설정범위를 초과하는 경우 경고음이 나는 디지털온도계를 설치하면 유용하게 관리할 수 있다. 전화경고 등을 포함한 알람기능과 온도조절시스템을 제공하는 헬릭스 컨트롤(Helix Controls)은 고가의 시스템이지만, 대규모로 번식을 하는 브리더들에게는 매우 효과적으로 사용할 수 있는 장치이므로 참고하도록 한다. 한편, 백열전구 또는 실내난방기가 있는 방에서 레게가 자유롭게 돌아다니게 해서는 안 되며, 어린 아이들이 사육장 주변에 있을 때는 밀접하게 모니터링해야 한다.

이처럼 레오파드 게코를 적절하게 관리하는 데 있어서 전기제품을 사용하는 것이 불가피한데, 항상 파충류용으로 적합하게 디자인된 제품을 구매하는 것이 바람직하며, 제조업체의 지침을 잘 따라 올바르게 사용하는 것이 좋겠다.

사육장 세팅에 있어서 가장 중요한 것은 안전이며, 바위를 사용할 때는 무너지지 않도록 제자리에 고정해야 한다.

사육장을 직접 만들어 사용하고자 하는 경우 레오파드 게코를 위한 기본요구사항이 충족될 수 있게 디자인해야 한다. 레게가 사육장 내에서 자연스럽게 이동하고 행동할 수 있는 공간을 충분하게 제공할 수 있도록 은신할 지역과 최대한의 활동 면적을 확보해줘야 한다. 또한, 사육장 안에 있는 레오파드 게코를 외부의 위험으로부터 지킬 수 있도록 사육장의 상단을 안전하게 설계해야 한다.

만약 개, 고양이 또는 앵무새와 같은 다른 반려동물을 기르고 있는 사육주라면, 이러한 반려동물로부터 레오파드 게코를 안전하게 관리할 수 있는 방법에 대해 고민을 해야 한다. 포식본능이 강한 개와 고양이 또는 대형앵무새는 레오파드 게코를 짧은 시간 안에 죽일 수도 있으므로 사육주의 관리감독 없이 레게의 사육장에 접근하는 것을 허용해서는 안 된다. 고양이 또는 개가 표면적으로는 레게에게 해가 되지 않는 경우에도, 지속적인 괴롭힘은 레게에게 강한 스트레스를 유발해 죽음에 이르게 할 수도 있다는 것을 반드시 명심하도록 하자.

02 section

먹이의 급여와 영양관리

레오파드 게코를 포함한 모든 게코 종은 공통적으로 곤충을 먹는 것을 선호한다. 야생에서의 레오파드 게코는 살이 있는 곤충과 거미 같은 무척추동물을 즐겨 먹으며, 가끔 작은 쥐 또는 도마뱀 등 다양한 먹이를 섭취한다. 따라서 사육 하의 레오파드 게코에 있어서 최적의 건강을 유지하기 위해서는 다양한 먹이곤충을 공급하는 것이 바람직하며, 모든 곤충이 레게가 먹기에 안전하거나 건강한 것은 아니므로 선택 시 주의를 기울여야 한다. 이번 섹션에서는 레게에게 먹이를 공급하는 방법과 건강하고 영양적인 식단에 대해 알아보도록 한다.

먹이의 종류

일반적으로 시판되고 있는 파충류용 먹이곤충은 귀뚜라미, 밀웜, 슈퍼웜(슈퍼밀웜이라고도 함), 왁스웜, 버터웜, 누에, 아놀 같은 먹이용 도마뱀 등을 들 수 있다. 곤충과 소위 핑키(pinky, 아직 털이 자라기 시작하지 않은 갓 태어난 새끼쥐를 말하며, 나이 든 쥐는 퍼지-fuzzy-마우스라고 한다)라고 불리는 핑크 마우스를 먹이로 공급할 때는 크기에 주의해야 하

는데, 일반적으로 폭은 레게 머리의 절반 이하, 길이는 머리보다 작은 것을 선택해야 한다. 현재 레게 사육주들이 선호하는 가장 대중적인 먹이곤충은 다음과 같다.

■**귀뚜라미** : 귀뚜라미는 파충류 사육주들이 일반적으로 가장 많이 이용하고 있는 먹이용 곤충이며, 레게의 건강에도 좋고 쉽게 구입할 수 있다. 상업적으로 사육된 먹이용 귀뚜라미가 공급되기 전에는, 많은 파충류 애호가들이 자신의 도마뱀에게 주로 밀웜으로 구성된 식단을 제공하면서 성공적으로 관리해왔다. 그러나 주로 밀웜을 제공하는 경우 번식에 성공하는 확률이 불규칙했고, 해츨링을 양육하는 데 문제가 있었다(선호도 면에서는 귀뚜라미가 더 높았던 편이다). 파충류 애호가들이 것-로딩(먹이곤충을 레게에게 먹이기 전에 영양가 있는 먹이를 먹이는 것)과 더스팅(먹이곤충에 비타민/미네랄분말을 뿌려주는 것)된 귀뚜라미를 먹이기 시작하면서 이러한 문제점이 개선됐다. 귀뚜라미를 급여할 때는 반드시 레게가 소화시키기에 적당한 크기인지 확인해야한다.

■**밀웜** : 밀웜(mealworm, 거저리 애벌레)은 번식이 용이해서 구하기가 쉽고 급여가 간편한 먹이다. 그러나 밀기울 또는 보릿가루만 먹고 자라 영양소가 부족하기 때문에 레오파드 게코에게 밀웜만을 공급해 사육할 때는 영양결핍을 초래할 수 있다. 따라서 보조식 개념으로 급여하는 것이 좋으며, 급여할 때는 레게가 소화시키기 쉽도록 갓 탈피한 개체를 선택해야 한다.

1. 귀뚜라미 2. 밀웜

■**왁스웜** : 왁스웜(waxworm, 명나방 애벌레)은 지방함량이 매우 높고, 일부 레오파드 게코에 있어서는 중독성을 띨 수도 있기 때문에 급

어하고자 할 때는 일주일에 최대 한두 번을 넘지 않도록 간식으로 제공하는 것이 좋다.

■ **실크웜** : 실크웜(silkworm, 누에)은 레게에 있어서는 건강식으로서 식단에 변화를 줄 수 있는 훌륭한 먹이곤충이다. 그러나 가격대가 높기도 하고, 수명이 매우 짧기 때문에 소량으로 준비하는 것이 좋다.

■ **두비아 로치** : 두비아 로치(Dubia roach)는 건강에도 좋고, 레게에게는 특별한 맛을 느낄 수 있는 곤충이다. 두비아 로치는 번식이 매우 쉽기 때문에 많은 사육주들이 비용을 절약하기 위해 직접 번식시켜서 급여하고 있다.

■ **야생에서 채집한 곤충** : 일부 사육주들은 균형 잡힌 식단을 제공하기 위한 목적으로 야생에서 잡은 곤충을 급여하기도 하는데(보통 외국의 경우), 야생에서 채집한 곤충은 섭취 시 감염을 유발하는 기생충을 포함하고 있을 가능성이 있으므로 급여하지 않는 것이 안전하다. 기생충 외에도 많은 곤충들이 레게에 대해

1. 왁스웜 2. 실크웜 3. 두비아 로치

독성이 있는 농약을 포함하고 있을 가능성이 있고, 치명적인 독성을 띠는 화학물질을 내포하고 있는 곤충도 있으므로 급여하지 않도록 하는 것이 좋다. 예전에는 사육 하에서 몇 가지 먹이곤충으로 제한된 식단을 제공받음으로써 영양적으로 부족한 부분이 생길 수밖에 없었지만, 지금은 먹이곤충에 양질의 비타민/미네랄보충제를 더스팅해 제공함으로써 이러한 문제는 어느 정도 해소된다고 볼 수 있겠다.

식단의 선택과 준비

대부분의 레오파드 게코가 죽은 먹이를 먹지 않기 때문에 살아 있는 곤충을 공급해야 하는데, 레오파드 게코를 위한 가장 좋은 식단은 적절한 크기의 먹이용 귀뚜라미와 밀웜으로 구성하는 것이다. 성체의 경우 식단에 다양성을 주기 위해 때로는 핑키를 포함해 왁스웜(waxworm), 소량의 킹밀웜(king mealworm)을 제공할 수 있다. 킹밀웜은 사육주의 선택사항이지만, 레게를 살찌우기 위해 공급하는 브리더도 있다. 대규모로 사육하는 전문브리더의 일부는 고품질 식단 및 비타민/미네랄파우더를 공급해 기른 밀웜만 먹이면서 관리하고 있는 경우도 있다.

귀뚜라미와 밀웜 등을 공급할 때는, 레게에게 급여하기 전에 플라스틱 용기에 하룻밤 넣어놓고 고품질의 식단을 제공함으로써 것-로딩을 해야 한다. 시판되는 귀뚜라미먹이, 파우더를 뿌린 설치류먹이, 닭모이, 강판에 간 당근 조각, 오렌지 조각, 케일 등은 모두 먹이곤충을 위한 식단으로 사용할 수 있다. 대부분의 브리더들은 또한 먹이곤충의 식단에 탄산칼슘 또는 칼슘/비타민D3보충제를 추가하며, 수분섭취를 위해 귀뚜라미에게 오렌지 조각을 제공하고 밀웜에게는 당근 조각을 제공한다. 이때 참마를 강판에 으깬 것, 조리한 것도 다양하게 사용할 수 있다.

레오파드 게코는 나이를 먹을수록 먹이에 대한 선호도가 변하는 것으로 알려져 있다. 따라서 자신이 기르는 레게가 평소 귀뚜라미를 매우 좋아하지만, 시간이 지나면서 싫어하게 될 수도 있는 것이다. 이러한 이유로 많은 사육주들은 레게가 먹는 식단에 약간의 변화를 주기 위해 귀뚜라미, 밀웜, 다른 곤충들을 혼합해 제공하고 있다. 번식시키려는 암컷을 살찌우기 위한 목적으로 핑키를 제공하는 경우도 간혹 있는데, 핑키를 먹이로 이용할 때는 매우 세심한 주의를 기울여야 한다.

레게의 소화기계통은 주로 무척추동물을 처리할 수 있도록 설계돼 있고, 레게가 야생에서 작은 포유동물을 소비할 경우는 매우 드물다. 곤충을 잡아먹는 파충류와 양서류가 핑크 마우스 및 다른 척추동물을 많이 먹을 경우 일반적으로 눈 관련 문제가 발생하고 내부장기 주위에 지방이 축적된다(화이트 트리 프로그, 타이거 샐러맨더, 바실리스크를 포함한 사육 하의 여러 종에서 관찰됐다). 만약 핑키를 제공하고자 할 경우에는 번식 중인 암컷에게만 급여하도록 하고, 한 달(또는 그 이상)에 한 마리만 공급한다.

먹이급여방법

레오파드 게코에게 먹이를 공급하는 가장 좋은 방법은 얕은 그릇(세라믹 접시, 유리재 떨이, 플라스틱 단지, 작은 플라스틱 반려동물 먹이그릇 등)에 먹이곤충을 담아 급여하는 것이다. 밀웜을 공급할 때는 레게가 먹이에 쉽게 접근할 수 있도록 먹이그릇 또는 낮은 접시에 담아 급여하는 것이 좋다. 귀뚜라미를 공급할 때는 레게가 먹이를 볼 수 있도록 가능한 한 레게의 가까이에 귀뚜라미를 놔주도록 해야 한다. 이렇게 그릇에 먹이를 담아 제공하면 밀웜이 탈출하거나 또는 바닥재로 파고들어가는 것을 방지하고, 귀뚜라미가 사육장 내에 분산되는 속도를 감소시켜준다. 먹이곤충이 발을 딛고 올라가지 못하도록 매끄러운 재질의 그릇을 사용하는 것이 좋다.

먹이그릇의 깊이와 크기는 레게에게 제공하는 먹이곤충의 종류에 따라 달라질 수 있는데, 밀웜과 슈퍼웜은 대부분의 먹이그릇에서 탈출할 수 없다. 귀뚜라미는 약간 깊은 그릇이 필요하며, 탈출을 방지하기 위해 귀뚜라미의 뒷다리를 제거할 수도 있다. 이때 귀뚜라미 다리의 뿌리 부분을 살짝 뜯으면 떨어지게 된다.

사육장에 남아 있는 귀뚜라미는 레게를 괴롭힘으로써 스트레스를 유발할 수 있으므로 귀뚜라미를 급여할 때 레게가 먹고 남은 경우 사육장에서 이를 즉시 제거해 주도록 한다.

먹이곤충이 그릇에 있는 동안은 먹이의 영양이 남아 있도록 하기 위해 항상 작은 음식 조각을 함께 넣어둔다. 당근 같은 채소를 작게 잘라 넣어두면 좋다. 먹이그릇에 비타민/미네랄보충제 분말을 약간 추가하면 곤충의 영양적 가치를 높일 수 있으며, 먹이곤충에 영양보충제가 아직 코팅돼 있을 때 급여하는 것이 중요하다. 레게가 배가 고플 때마다 찾을 수 있도록 먹이그릇에 먹이곤충이 남아 있어야 한다. 많은 레오파드 게코 사육주들과 브리더들은 빠른 성장과 적당한 체중유지를 위해서 사육장 내에 분말보충제와 함께 밀웜이 가득한 그릇을 항상 비치해둔다. 이 경우 귀뚜라미, 왁스웜 그리고 성체만을 위한 소량의 킹밀웜 같은 다른 먹이곤충을 일주일에 한 번 또는 두 번 제공함으로써 영양을 보충해줄 수 있다.

귀뚜라미를 공급할 때 한 번에 딱 두 마리만 사육장에 넣어주는 사육주들도 있는데, 이는 레오파드 게코가 배가 전혀 안 고플 경우 먹지 않고 남아 있는 귀뚜라미를 다시 잡는 것이 어려울 수 있기 때문에 한번에 먹을 만큼만 제공하기 위한 방법이다. 만약 사육장에 귀뚜라미가 남아 있는 경우 레게가 식사를 마쳤다면 남은 귀뚜라미를 제거해야 한다. 귀뚜라미는 허물을 벗고 레게에게 기어오르려 하며, 때때로 레게의 꼬리 끝을 물기도 하므로 귀뚜라미를 사육장에서 즉시 제거하고, 따로 보관해뒀다가 나중에 다시 공급하는 것이 안전하다.

먹이급여시간

레오파드 게코에게 먹이를 공급할 때는 하루 중 늦은 시간 또는 이른 아침에 급여하는 것이 좋다. 이 시간은 일반적으로 레게가 자연에서 사냥을 시작하는 시간이다. 일부 사육주는 일정한 저녁시간에 여러 마리의 귀뚜라미를 사육장에 넣어주고, 다른 먹이는 레게가 언제든지 먹을 수 있도록 먹이그릇에 담아 넣어둔다. 주어진 시간에 먹이를 급여하는 것의 장점 중 하나는 레오파드 게코가 먹이를 사냥하는 모습을 사육주가 지켜볼 수 있다는 것이다. 이때 레게를 피해 도망간 먹이곤충이 숨어서 오랜 시간 동안 사육장에 남아 있을 수 있으므로 주의를 요한다.

일반적으로 레오파드 게코의 사육환경에 이렇게 먹이곤충이 남아 있을 때는 문제가 발생할 수 있다. 특히 귀뚜라미는 매우 수완이 비상하고 끊임없이 배가 고픈 곤

레오파드 게코를 위한 식단은 적절한 크기의 먹이용 귀뚜라미와 밀웜으로 구성하는 것이 가장 좋다.

충이기 때문에, 탈출해서 사육주가 찾기 힘든 장소에 숨어 있다가 레오파드 게코가 잠을 자고 있는 동안 레게를 물게 된다. 이렇게 귀뚜라미에게 물린 곳은 감염으로 이어질 수 있기 때문에 위험하다. 또한, 수컷 귀뚜라미의 끊임없이 이어지는 울음소리는 레오파드 게코에게 스트레스를 유발한다는 것을 명심하도록 한다.

숨어 있는 귀뚜라미는 먹이를 먹지 않았기 때문에 먹이곤충으로서의 영양가치도 잃게 되는데, 먹이곤충 위에 뿌리는 영양보충제는 빠르게 없어지며(보충제 더스팅에 대한 자세한 내용은 119쪽 참고), 숨어 있는 동안 귀뚜라미는 죽어서 부패할 수 있다. 귀뚜라미가 레오파드 게코의 사육장 내에 숨어 있는 것으로 의심되는 경우, 당근이나 사과를 작은 조각으로 잘라 사육장에 남겨놓으면 귀뚜라미가 그 먹이를 먹기 위해 숨어 있는 자리에서 나오게 될 것이다. 일단 귀뚜라미가 숨어 있는 장소에서 나오면 레게는 대부분 귀뚜라미를 잡아먹게 된다.

먹이급여횟수

레오파드 게코의 먹이급여일정은 개체의 나이와 건강상태에 따라 달라진다. 어린 레게의 경우 매일 먹이를 공급해야 하며, 건강한 성체(1년 이상) 레게는 하루걸러 한 번 공급하면 된다. 만약 레게가 아프거나 약한 상태인 경우 건강하게 성장할 때까지 또는 다시 정상적인 크기로 성장할 때까지 매일 먹이를 공급해야 한다.

갓 부화한 해츨링 및 주버나일 개체의 경우 가장 많은 영양이 필요한 시기이므로 매일 먹이를 공급해야 하는데, 어린 개체들은 자신이 먹을 수 있는 한도 내에서 주는 대로 먹을 수 있다. 다양한 먹이와 비타민/미네랄보충제의 급여가 이 시기에 특히 중요하므로 적정한 몫의 먹이를 먹지 못하는 작은 새끼에 대해서는 잘 살펴보고, 제대로 먹고 성장할 수 있도록 별도의 사육장으로 옮겨 관리해줘야 한다.

생후 6~8개월 후에는 일주일에 세 번으로 횟수를 줄일 수 있으며, 이보다 더 자주 먹이를 급여하는 것을 선호하는(많은 사육주가 자신의 레게에게 먹이를 자주 급여하는 것을 선호한다) 경우는 한 번 제공할 때 포함되는 먹이의 양을 각각 줄여서 급여하면 매일 또는 거의 매일 공급할 수 있게 된다.

먹이급여량

적절한 먹이급여량을 측정하기 위해서는 자신의 레게가 평소 어느 정도 섭취하는지 잘 관찰해서 일정한 패턴을 파악해야 한다. 패턴이 파악되면 각 개체의 신진대사, 성장단계, 체중의 증가 또는 감소 등 여러 가지 조건에 맞게 조절해 주도록 한다. 먹이를 잘 먹은 레게는 꼬리에 상당한 양의 지방을 저장하기 때문에 일시적인 먹이량의 변화에 크게 영향을 받지 않는다. 사육주 개인의 스케줄에 따라 제공되는 먹이의 양이 매번 증가하는 경우 주간 동안 급여하는 횟수를 줄일 수 있다.

그러나 한 번에 많은 양을 급여하는 방법은 뱀과 같은 파충류에게 적용되는 방식이며, 레게나 다른 대부분의 도마뱀에 있어서는 좋은 방법이라고 할 수 없다. 일반적으로 일주일에 3회 먹이를 제공하는 성체에 있어서 평균적으로 한 번에 급여하는 양은 귀뚜라미의 경우 2~3마리 정도, 슈퍼웜이나 왁스웜의 경우 3~4마리 정도가 적당하다. 주버나일 개체의 경우 1~2일에 한 번씩 귀뚜라미를 급여하되, 15분이내에 소비할 수 있도록 레오파드 게코 한 마리당 귀뚜라미 3~5마리씩 제공한다. 귀뚜라미를 먹이로 급여할 때는 레오파드 게코의 나이에 맞게 적당한 크기의 개체로 선별하는 것이 중요하며(생후 4~6개월까지의 레게에게는 3주 정도 된 귀뚜라미를 공급하고, 그런 다음 4주짜리 귀뚜라미로 전환한다. 생후 10개월 이상 된 성체 레게에게는 4~6주 정도 된 귀뚜라미를 공급한다), 비타민/미네랄보충제로 더스팅한 다음 제공하는 것이 좋다.

개체마다 각각 다른 식습관을 가지고 있기 때문에 먹이를 공급하는 데 있어서 특별히 이상적인 규칙은 없다. 레오파드 게코 사육주들 사이에서 가장 일반적으로 먹이를 공급하는 일정은 다음과 같다. 레게가 과식하는 경향이 있는 경우는 몸무게가 초과되는 것을 방지하기 위해 사육주가 미리 적절하게 설정한 양을 공급하고, 활발하고 건강한 몸무게를 유지하고 있는 개체의 경우는 15~20분 내에 모두 먹을 수 있는 정도의 양을 공급한다. 먹이를 잘 안 먹는 개체에게는 일반적으로 제공하는 양의 먹이를 공급하고, 나중에 배가 고플 때 스스로 먹을 수 있도록 먹이그릇에 먹이곤충을 담아 사육장에 남겨놓는다.

각 개체마다 식습관이 다르므로 사육하면서 이러한 패턴을 잘 파악해 먹이급여일정을 계획하도록 한다.

> **먹이곤충 급여 시 주의사항**
>
> 레오파드 게코에게 먹이를 공급할 때는 일반적으로 작은 곤충을 여러 마리 급여하는 것이 큰 곤충 한 마리를 급여하는 것보다 바람직하다. 특히 성체 귀뚜라미는 미성숙한 개체보다 날개와 다리 같은, 소화하기 힘든 부위의 비율이 높기 때문에 너무 큰 곤충은 레게가 안전하게 소화시키기에 어려울 수 있다. 따라서 레오파드 게코에게 먹이기 전에 곤충의 크기가 적당한지 반드시 확인을 해야 한다. 일반적인 규칙은 레게의 미간 사이의 길이보다 작은 곤충을 먹이는 것이다.
>
> 레오파드 게코의 연령에 따라 제공하는 귀뚜라미의 크기는 다음과 같다. 해츨링 개체의 경우 귀뚜라미의 크기는 0.6cm(생후 2주 정도), 주버나일 개체의 경우 귀뚜라미의 크기는 0.9cm(생후 3주 정도), 성체의 경우 귀뚜라미의 크기는 성체 귀뚜라미보다 작은 크기의 개체를 급여하도록 한다.

앞서도 언급했듯이, 레게는 꼬리에 여분의 지방을 저장하기 때문에 과식이 되는 경우는 드물다. 대부분의 레게는 충분히 섭취한 경우 먹는 것을 멈추지만, 일부는 계속해서 먹으려고 함으로써 과식하게 되는 경우도 있다. 따라서 자신의 레게가 너무 많이 먹는 것처럼 보이는 경우 적절하게 조절해줘야 한다. 과식은 불필요한 체중을 증가시키고 구토를 유발할 수 있으므로 레게의 체중이 초과됐다고 느껴진다면, 먹이공급을 중단하거나 식단에서 지방이 많은 곤충을 제거함으로써 급여량을 조절해줄 필요가 있다. 사람과 마찬가지로, 체중이 초과되는 레게는 위가 커지기 시작하고 꼬리 이외의 다른 신체 부분에 지방을 저장하기 시작한다.

자신이 기르는 레오파드 게코가 비만인지 여부를 판단하는 일반적인 조건은 다음과 같다. 레게의 위 부분은 방금 먹이를 먹은 것이 아닌 한 대부분 평평한 모습을 보여야 하고, 꼬리의 두께는 자신의 몸통보다 두꺼워서는 안 된다. 만약 자신의 레게가 비만상태인 것으로 의심된다면 급여하는 먹이의 양을 줄여야 하며, 건강한 체중이 될 때까지 식단에서 지방이 많은 곤충을 제외시켜야 한다.

수분 공급

유리재떨이 같은 얕은 용기 또는 파충류용 작은 플라스틱 접시에 깨끗한 물을 담아 매일 제공하도록 한다. 이는 일반적으로 레오파드 게코가 필요로 하는 수분을 공급할 수 있는 가장 좋은 방법이다. 물그릇은 레오파드 게코가 활동을 시작하는 저녁에 사육장에 넣어줬다가 아침이 되면 빼내주는 것이 바람직하다. 일부 브리더

의 경우 물그릇을 빼내지 않고 사육장에 항상 넣어두기도 하는데, 한 번에 수일 동안 물 없이 빈 채로 놔둔다거나 또는 물그릇을 세척하는 걸 잊지만 않는다면 이러한 방법은 태해도 괜찮다. 만약 사육장 내에 항상 물그릇을 남겨놓는 경우라면 박테리아의 성장 및 분변으로 인한 오염을 방지하기 위해 매일 깨끗한 물로 교환해주는 것이 바람직하다. 참고로 레오파드 게코를 대규모로 사육하는 전문브리더의 경우는 형편상 일주일에 두세 번 물을 담아 제공하기도 한다.

물그릇으로 사용하는 데 적합한 그릇의 종류는 많다. 파충류용품 제조업체에서는 심지어 바위처럼 보이는 얕은 그릇과 비바리움에 맞는 다양한 색상의 제품을 생산하고 있다. 물그릇으로 어떠한 것을 선택하든 중요한 것은, 그릇의 가장자리가 너무 높으면 안 된다는 점이다. 그릇의 가장자리가 레게의 머리보다 높으면 물이 레게의 시야에서 벗어나기 때문에 물을 인식하지 못할 수 있다. 약 2cm 정도 높이의 얕은 유리용기가 적당하며, 엎어지지 않도록 바닥이 평평한 것을 선택하는 것이 좋다. 주버나일 개체에 물을 공급할 때는 항아리뚜껑 또는 패트리접시(세균배양에 쓰이는 둥글넓적한 작은 접시) 같은 좀 더 작은 용기를 사용하도록 한다.

물그릇을 관리하는 데 있어서 가장 큰 문제는 종종 귀뚜라미와 다른 먹이곤충들이 접근해 빠져 죽는다는 점인데, 이는 먹이곤충을 낭비하고 물을 오염시키게 된다. 먹이곤충이 물그릇에 빠졌을 때 타고 올라올 수 있도록 물그릇 안에 돌을 배치하면(물그릇의 가장자리 근처에 두는 것이 좋다) 이러한 문제를 방지할 수 있다.

레오파드 게코는 건조한 서식지 출신으로 야생에서는 물을 자주 접하기 힘들기 때문에 식물과 바위 등의 표면에 맺힌 이슬을 핥음으로써 수분을 섭취한다. 따라서 자신의 레게가 물그릇에 무관심한 듯 보이면 간단하게 사육장 안의 유리, 식물, 바위 등 구조물에 하루에 한 번 깨끗한 물을 분무기로 뿌려주도록 한다.

물그릇은 적어도 일주일에 한 번 또는 물이 오염됐을 때마다 순한 항균식기세제를 이용해 세척하는 것이 좋다. 세척한 후에는 새로운 물을 담기 전에 세제가 남지 않도록 항상 깨끗하게 행궈내야 한다. 한 달에 한 번씩은 5% 락스용액(물과 락스의 비율을 30:1로 섞어서 사용한다)에 30~60분 정도 담가서 물그릇을 소독하는 것이 좋으며, 표백제용액으로 세척한 후에는 물그릇을 철저하게 행궈내도록 한다. 이때 레게의 용품이 사람의 음식을 준비하는 영역에 접촉하지 않도록 주방 싱크대를 피해 욕실 또는 다용도 싱크대에서 세척해야 한다. 이후에 그릇을 세척한 싱크대 및 주변 지역도 철저하게 소독하도록 한다.

비타민/미네랄보충제의 공급

비타민/미네랄보충제는 레오파드 게코를 포함한 사육 하의 파충류를 관리할 때 매우 중요한 영양보충제다. 일부 도마뱀의 경우 특정 비타민 및 미네랄에 대한 요구사항과 허용범위가 좁지만, 레게는 일반적으로 강건하고 보충적인 식이요법이 광범위하게 허용된다. 레오파드 게코를 포함해 대부분의 도마뱀을 유지하고 번식시키는 데 필요한 최적의 보충식에 대해 체계적인 연구결과가 발표된 것이 없기 때문에, 레게를 기르는 데 있어서 이러한 점은 행운이라고 할 수 있다.

레게의 식단에 비타민과 미네랄을 추가하는 방법은 매우 간단하며, 파충류용품 숍에서 시판되고 있는 보충제를 구입해 쉽게 이용할 수 있다. 많은 브리더들이 암컷의 알 생산성을 높이기 위해 칼슘/비타민D3보충제(Minerail, Reptocal, Rep Cal, T-Rex

일부 도마뱀은 특정 비타민 및 미네랄에 대한 요구사항과 허용범위가 좁지만, 레오파드 게코는 일반적으로 강건하고 넓은 범위의 보충적인 식이요법이 허용된다.

2:1 등)를 사용하는 방법을 택하는데, 레오파드 게코에 있어서 비타민D3의 높은 수준의 장기적인 효과는 확인되지 않았다는 점을 기억하도록 한다. 비타민D3와 비타민A의 과도한 수준이 선천적 기형 또는 알 속에서 폐사되는 비율의 높은 발생률과 연관될 수도 있을 것으로 생각하는 브리더도 있는데, 여러 가지 다양한 보충제의 장기효과에 대해 일부분 보고된 바가 있으므로 참고하도록 한다.

일부 브리더들은 주로 칼슘/D3보충제를 사용하며, 많은 브리더들이 탄산칼슘과 결합된 파충류용 종합비타민/미네랄파우더(현재 다양한 제품이 파충류용품 숍에서 시판되고 있다)를 사용한다. 브리더들 사이에서 뛰어난 효능을 가져온 보충제의 경우 분말탄산칼슘 또는 글루콘산칼슘과, 파충류 또는 조류용 분말 종합비타민/미네랄보충제의 비율이 2:1로 구성돼 있다.

■**칼슘 보충** : 칼슘은 레오파드 게코에게 요구되는 중요한 영양성분으로 탄산칼슘 또는 글루콘산칼슘의 형태로 공급된다. 미네랄은 가장 필수적인 영양성분에 속하며, 칼슘은 가장 중요한 미네랄로서 성장기의 레게에게는 강한 뼈와 적절한 성장

을 위해 정기적인 칼슘의 공급이 필요하다. 레게가 충분한 칼슘을 사용할 수 있도록 하기 위해서는, 분말로 된 탄산칼슘 또는 글루콘산칼슘을 항아리뚜껑 같은 작은 용기에 담아 하루 종일 사육장 내에 넣어두는 것이 기본적인 방법이다.

레오파드 게코에 있어서 불행히도 칼슘결핍은 흔하지만, 먹이곤충을 급여하기 전에 보충제를 곤충에 뿌려 제공함으로써 레게의 식단에 칼슘을 추가하는 방법으로 칼슘결핍을 예방할 수 있다. 번식 중인 암컷에게도 자신의 몸에 비축된 칼슘을 소모하지 않고 알을 형성할 수 있도록 하기 위해 정기적인 칼슘공급이 필요하다(임신한 암컷이 칼슘이 부족한 식단을 공급받은 경우 자신의 뼈에서 미네랄을 뽑아 소모하게 된다).

레게에게 칼슘으로 더스팅된 먹이곤충을 얼마나 자주 급여할지 정확한 일정을 권장하기란 어렵다. 가장 일반적인 일정은 새끼(비타민보충제를 급여하는 날은 제외), 성장하는 주버나일 개체, 번식 중인 암컷에게는 매번 먹이에 보충제를 뿌려 제공하는 것이다. 이외의 모든 개체는 일주일에 한 번이 적당하다. 많은 브리더와 경험이 풍부한 사육주들은 사육장 안에 분말칼슘용 작은 접시를 항상 남겨두는데, 레오파드 게코는 더 많은 양의 칼슘을 필요로 할 때마다 칼슘분말을 핥을 것이다. 파충류용품 숍에서 여러 가지 브랜드의 제품을 판매하고 있으며, 이러한 제품들은 모두 레게가 필요로 하는 칼슘을 공급하는 데 도움이 된다.

레오파드 게코가 자신이 공급받는 먹이로부터 충분한 칼슘을 얻지 못하는 경우 사육장에 바닥재로 깔아준 모래를 섭취할 수 있다. 자연상태의 모래는 칼슘을 포함하고 있기 때문에 이를 섭취하는 것이 유용할 수 있지만, 사육장에 사용되는 대부분의 모래는 이산화규소로서 칼슘이 전혀 포함돼 있지 않고, 섭취했을 때 자칫 소화관이 막힐 수 있다. 이러한 이유로 일부 브리더는 모래를 바닥재로 사용하지 말 것을 권장하기도 한다. 이처럼 모래바닥재에 반대하는 주장도 있지만,

칼슘결핍을 예방하기 위해 먹이곤충에 칼슘보충제를 뿌려 제공한다. ⓒSirDayringer

레게에게 칼슘을 적절하게 공급해주는 경우 바닥재로 모래를 사용해도 무방하다. 탄산칼슘으로 만든 모래도 시판되고 있는데, 이러한 모래는 레게가 섭취해도 안전하고, 실제로 레게가 원하는 칼슘을 제공해준다. 그러나 탄산칼슘으로 만든 모래는 상당히 고가이며, 장점도 아직 확실하게 입증되지는 않았다는 점을 염두에 두자.

■**비타민 보충** : 파충류에 있어서 비타민의 작용과 요구되는 종류가 어떤 것인지에 대해서는 잘 알려져 있지 않다. 일반적으로 일부 지용성 비타민은 과다복용하면 문제가 될 수 있다고 알려져 있지만, 레게는 기본적인 생명기능에 있어서 이러한 비타민들을 약간씩 필요로 하고 또 부족하면 생명에 위협이 될 수도 있다.

레오파드 게코에게 비타민보충제를 급여할 때는 신중하게 사용해야 한다. 비타민 보충제를 제공하되 칼슘보충제를 주는 것만큼 자주 급여해서는 안 되며, 일주일에 한 번이면 충분하다. 일부 미네랄과 비타민은 서로 흡수를 방해하기 때문에 동시에 제공하면 안 되며, 비타민보충제를 급여하고자 할 때는 미네랄보충제를 제공한 날은 피해야 한다. 또한, 신뢰할 수 있는 회사의 제품을 선택하되, 특히 반려파충류용으로 제조된 것을 공급해야 한다. 비타민과 미네랄보충제가 결합된 것이 좋은데, 대부분의 칼슘보충제는 칼슘의 흡수에 필요한 비타민D3가 추가돼 있다.

레오파드 게코가 필요로 하는 비타민D3의 정확한 양은 알 수 없지만, 레게는 매우 적은 양만 공급해도 충분한 것으로 알려져 있다. 현재 시판되고 있는 대부분의 칼슘보충제는 이러한 비타민의 적절한 양을 제공한다. 곤충은 인의 수치가 높은 경향이 있기 때문에 칼슘보충제를 급여할 때 인과 칼슘의 적절한 균형을 유지하는 것은 까다로운 일이 될 수 있으므로 칼슘보충제를 구입할 때는 인을 포함하지 않은 것을 선택하는 것이 가장 좋다.

것-로딩과 더스팅

앞서 언급했듯이, 레게의 건강을 유지하기 위해서는 비타민과 미네랄이 필요한데, 레게에게 충분한 비타민과 미네랄을 공급하는 가장 좋은 방법은 먹이곤충을 것-로딩 또는 더스팅하는 방법을 이용해 제공하는 것이다.

먹이곤충을 것-로딩 또는 더스팅해 공급함으로써 비타민/미네랄을 충분히 보충할 수 있다. ©proteusunbound

■**것-로딩**(gut-loading) : 것-로딩은 곤충을 소비하는 동물에 있어서 먹이곤충이 건강한 식단이 될 수 있도록, 먹이곤충에 영양가 있는 먹이를 먹인 다음 공급하는 방법이다. 먹이곤충을 레게에게 급여하기 전에 12시간 정도 것-로딩하는 것이 권장되는데, 이 방법으로 먹이곤충은 자신의 몸에 먹이의 영양분을 지니게 된다.

밀웜을 이용하는 경우 급여하기 전에 24시간 동안 당근으로 것-로딩해야 하며, 귀뚜라미 것-로딩 먹이를 밀웜을 담은 그릇에 넣어주는 것도 좋다. 사육장에 하루 종일 밀웜을 남겨두는 사육주들은 밀웜이 먹을 수 있도록 접시에 먹이를 넣어두는데, 이 방법으로 밀웜은 레게가 먹을 때마다 것-로딩된 상태로 공급된다.

귀뚜라미는 것-로딩에 완벽한 먹이곤충이며, 귀뚜라미에게 먹일 수 있는 이용 가능한 먹이는 매우 많다. 귀뚜라미를 것-로딩하기 위해서는 레오파드 게코에게 급여하기 전에 적어도 24시간(48시간이 이상적이다) 동안은 귀뚜라미들이 살아 있도록 유지해야 한다. 공기순환을 위해 뚜껑에 구멍을 뚫은 플라스틱 용기에 귀뚜라미를 넣는데, 빈 마가린통 같은 것도 좋고 또는 파충류용품 숍에서 시판되고 있는 귀뚜라미상자를 구매해 이용할 수도 있다. 귀뚜라미에게 줄 먹이와 은신할 수 있는 구긴 종이타월 또는 계란판지 등을 함께 넣어준다.

귀뚜라미를 레게에게 먹이로 주기 전에 적어도 꼬박 하루는 맘껏 먹게 하는 것이 좋다. 귀뚜라미에게 먹이를 주는 방법은 간단하게 열대어먹이인 플레이크사료(비타민/미네랄보충제를 손가락으로 조금 집어 섞어서 넣어준다)와 여러 가지 과일 및 채소(오렌지, 고구마, 당근, 사과, 청경채, 포도, 민들레잎 등)를 조각내서 제공하면 된다. 또는 파충류용품 숍에서 시판되는, 비타민과 미네랄함량이 높은 귀뚜라미먹이를 구매해서 공급할 수도 있다(이때도 과일과 채소는 여전히 필요하다). 것-로딩을 통해 건강하고 다양한 먹이를 섭취한 귀뚜라미는 레오파드 게코에게 중요한 영양소를 전달하게 된다.

귀뚜라미에게도 먹을 물을 제공해줘야 하는데, 귀뚜라미는 아무리 적은 양의 물이라도 자신을 익사시키려는 자살충동을 가지고 있기 때문에 주의를 요한다. 솜을 충분히 적셔 그릇에 담아주거나 또는 귀뚜라미용으로 특별히 디자인된 물통에 채워 물을 공급하는 것이 안전하다고 할 수 있다. 가장 쉬운 방법은 신선한 과일과 채소를 공급하는 것이며, 이 방법으로 수분을 안전하게 공급할 수 있고 귀뚜라미의 영양적 가치를 증가시킬 수 있다. 섭취할 물을 필요로 하는 반면, 귀뚜라미는 습기가 많은 환경조건에 취약하기 때문에 적정하게 건조함이 유지되지 않는다면 빠르게 병이 들고 결국 폐사하게 되므로 관리에 주의를 기울여야 한다.

또한, 귀뚜라미는 일반적인 실내온도에서 관리할 수 있는데, 곤충의 신진대사는 온도가 상승할수록 빨라지기 때문에 귀뚜라미를 따뜻한 지역에 보관하는 경우 여분의 음식과 물을 제공해줘야 하고, 환기를 잘 시켜야 한다.

■**더스팅**(dusting) : 더스팅은 먹이곤충을 레게에게 급여하기 전에, 칼슘과 비타민D3 보충제 같은 분말을 먹이곤충에게 뿌려주는 것이다. 먹이용 곤충에 보충제를 코팅하는 방법은 간단하며, 용기에 소량의 분말보충제를 담고 곤충을 넣은 다음 흔들어주기만 하면 된다. 이때 비닐봉투, 종이컵 또는 특별히 제조된 전용용기를 사용할 수 있다. 대부분의 사육주들은 유리그릇에 먹이곤충과 소량(엄지와 검지로 한 번 집은 양이면 충분하다)의 더스팅 분말을 함께 넣고 곤충이 분말로 가볍게 코팅될 때까지 부드럽게 흔들어준다. 시판되고 있는 코팅기구도 많은 사육주들이 기본적으로 공급하는 방법을 참고해 고안된 것이다.

먹이곤충을 코팅한 후, 용기를 거꾸로 들고 톡톡 튕겨줌으로써 여분의 가루를 털어낸 다음 먹이그릇에 담아 제공한다. 이처럼 여분의 가루를 털어내는 이유는 남은 보충제 분말을 재사용할 수 있고, 분말이 먼지가 돼 공기를 통해 떠다니는 것을 방지할 수 있기 때문이다(사육장 내의 미세먼지는 레게가 호흡 시 폐로 들어간 경우 자극을 일으킬 수 있다). 먹이곤충을 더스팅한 후에는 즉시 레게에게 급여해야 하는데, 그렇지 않으면 먹이곤충이 스스로 분말을 털어내버림으로써 더스팅의 효과가 사라지게 된다. 미성숙한 레게는 1주일에 2~3회, 임신 중인 암컷의 경우는 매 끼니마다 먹이를 더스팅해 공급할 수 있고, 성체의 경우는 일주일에 한 번이면 충분하다.

1. 슈퍼웜에 더스팅하는 모습 2. 더스팅된 슈퍼웜을 먹이그릇에 담아 제공한 모습

03 section

탈피와 꼬리 손실

다른 파충류와 마찬가지로, 레오파드 게코는 전체 상피피부(피부의 바깥층, 즉 표피)를 주기적으로 벗어내는 과정을 거치는데, 이를 탈피(脫皮, ecdysis, molting)라고 한다. 이번 섹션에서는 레오파드 게코의 탈피주기와 탈피부전 및 대처방법, 꼬리의 자절 등에 대해 간략하게 알아보도록 한다.

탈피의 시작과 탈피주기
레오파드 게코가 표피를 벗어내는 탈피주기에 들어가기 전에, 새로운 피부를 생성하는 세포가 분열하기 시작하고 나서 분열이 끝날 즈음에 피부는 휴지기에 놓이게 되고, 이후 실제적인 탈피주기에 들어가게 된다. 이 과정에서 레게의 색상에 영향을 미치게 되는데, 탈피주기가 시작되면서 피부가 칙칙해진다. 표피 아래층의 새로운 피부가 완전히 형성되고 표면의 오래된 피부가 새 피부로부터 분리되기 시작할 때까지 피부는 점진적으로 칙칙해지게 된다. 이 시점에서 레게는 얇은 종이 같은 막으로 덮여 있는 것처럼 보인다.

레오파드 게코가 탈피부전을 겪고 있는 경우 심하면 사망을 초래할 수도 있으므로 신속하게 대처하도록 한다.

오래된 피부는 사람의 경우 햇볕에 그을린 피부가 벗겨지는 것과 유사한 방식으로 시트 같은 부분을 스스로 박리하기 시작한다. 대부분의 게코들과 마찬가지로, 레게는 자신의 입으로 박리된 부분을 붙잡고 먹기 시작하는데, 아마도 피부에 포함된 특정 영양소를 섭취하는 것으로 여겨진다. 야생에서 피부를 먹는 것은 뱀과 육식 포유동물 같은 잠재적인 포식자를 유인하는 향내를 줄이기 위한 행위인 것으로 알려져 있다. 레게의 색상은 탈피를 마치고 난 직후 가장 밝은 모습을 띤다.

탈피부전의 원인과 대책

탈피에 실패한 레게는 칙칙하고 창백해 보이며 몸, 눈꺼풀, 사지에 오래된 피부가 들러붙은 명백한 징후를 보인다. 또한, 무기력한 모습을 보인다. 탈피실패는 레게에 심각한 문제가 있음을 나타내는 것이며, 이러한 문제를 신속하게 해결하지 않을 경우 사망을 초래할 수 있다. 낮은 온도, 비타민A의 부족 또는 과다, 상처로 인한 쇠약, 세균감염, 기생충, 대사성 골질환, 낮은 상대습도 등은 모두 레게의 탈피과정에 부정적인 영향을 미치는 요인이 된다. 레오파드 게코가 탈피에 어려움을 겪고 있는 경우 다음과 같은 방법을 이용해 사육주가 인위적으로 탈피를 도울 수 있다.

우선 면봉을 과산화수소수에 적셔 들러붙은 피부를 부드럽게 닦아주고, 피부가 부드러워지면 조심스럽게 제거한다. 이때 과산화수소수가 눈에 들어가지 않도록 주의해야 한다. 그래도 단단하게 붙어 있는 피부는 안연고를 발라 보습을 해준 다음, 부드러워지면 억지로 떼어내려 하지 말고 조심스럽게 피부조각을 제거한다.

탈피부전을 예방하기 위해서는 보충식단을 급여해 식이적인 특정 원인을 제거하고, 습도를 적절하게 유지하기 위해 습식 은신처를 제공하도록 한다. 습식 은신처를 사용하면 레오파드 게코가 탈피과정을 원활하게 마치는 데 도움을 줌으로써 탈피문제를 효과적으로 예방할 수 있다. 습식 은신처는 기성품을 구매해 사용해도 되고, 플라스틱 반찬통에 레게가 출입할 수 있는 구멍을 내서 사용할 수도 있다. 용기의 내부는 버미큘라이트 또는 물이끼로 채워주면 된다. 또 배설물, 활동수준, 체중의 감소 또는 증가 등을 포함해 레오파드 게코를 세밀하게 관찰함으로써 세균 또는 기생충질환이 있는지 여부를 확인하도록 해야 하며, 정확한 진단과 치료를 위해 파충류 진료가 가능한 수의사에게 자문을 얻도록 하는 것이 좋다.

탈피에 실패한 레오파드 게코를 방치하면 눈 문제, 발가락의 손실 또는 감염을 유발할 수 있으며, 특히 발가락은 혈관손상에 따른 영향이 가장 민감하게 나타나기 때문에 오래된 피부가 탈피되지 않고 남아 있는 경우 발가락의 괴사로 이어질 수 있다. 탈피부전이 심한 경우 사망을 초래할 수 있으므로 각별히 신경을 써야 한다.

꼬리 자절(caudal autotomy)의 원인과 대책

대부분의 게코와 마찬가지로, 레오파드 게코는 꼬리에 위협을 받거나 잡혀 있는 경우 자신의 꼬리를 스스로 잘라버리게 된다. 이를 자절(自切, autotomy; 동물이 몸의 일부를 스스로 절단해 생명을 유지하려는 현상)이라고 하는데, 자절이 일어난 다음 꼬리는 바닥에 떨어져 꿈틀댄다. 야생에서 이렇게 자절돼 꿈틀거리는 꼬리는 포식자의 시선을 잡고, 레오파드 게코가 탈출하는 동안 포식자에게 먹이를 제공하게 되는 것이다. 레오파드 게코의 꼬리척추뼈는 끝이 갈라진 결합조직을 갖고 있기 때문에 꼬리 또는 꼬리의 일부분이 쉽게 자절될 수 있다. 자절과정에서 급격한 수축이 동반됨으로써 혈액손실을 최소화하게 된다.

자절 이후 재생된 꼬리를 가지고 있는 하이 옐로우(High yellow) 레오파드 게코

꼬리가 자절된 경우 새로운 꼬리가 자라나오게 되지만, 더 이상 뼈가 많은 척추뼈로 지지되지 않고 대신 연골로 된 막대형태(고리가 없는 둥글납작한 구조)로 원래의 꼬리 부분을 대체하게 된다. 새로 자라나온 꼬리는 심미적으로 원래의 꼬리와 같은 만족감을 주지 않는다. 새로운 꼬리는 원래의 꼬리보다 더 짧아지는 경향이 있고, 머리의 비율과 유사한 비율을 갖는다. 만약 새로 자란 꼬리가 또 공격을 받게 될 경우 레오파드 게코는 다시 자라나온 부분 전체를 자절할 수 있다.

꼬리 손실은 포식자의 공격에 의한 것뿐만 아니라 같은 종끼리의 공격에 의해서도 발생한다. 수컷 레게의 경우 서로를 공격해 손실될 수도 있으며, 새끼들은 먹이경쟁을 하거나 싸우는 동안 자신의 꼬리를 잘라낼 수 있다. 공격적인 성향의 암컷은 성적으로 지나치게 공격적인 수컷과의 다툼으로 인해 손실될 수도 있다. 레게가 자신의 꼬리를 잘라내면 저장된 지방의 상당량을 잃고 스트레스에 더 취약하게 된다. 따라서 자절을 한 레게는 별도의 사육장으로 옮기고, 꼬리가 재생될 때까지 격리된 사육장에서 단독으로 관리해야 한다. 꼬리를 손실한 레게는 따뜻하게 관리해줘야 하며, 물과 먹이를 적절하게 공급해줘야 한다. 꼬리 손실을 야기하는 상황 또는 요인을 점검하고, 재발생되는 일이 없도록 필요한 조치를 취하도록 한다.

Chapter 05

레오파드 게코의 건강과 질병

레오파드 게코에게 잘 걸리는 질병의 종류와 진단방법, 질병발생 시의 응급처치법과 치료 및 예방에 대해 알아본다.

01 section

질병의 징후와 예방

레오파드 게코는 수명이 매우 긴 동물로 적절하게 관리만 해준다면 20년 이상 살 수 있지만, 건강하게 오래 살아가는 데 필요한 요건(양질의 영양섭취, 적절한 사육장과 사육 온도, 쾌적한 환경 등)이 제대로 충족되지 못했을 때는 여러 가지 질병이 발생할 수 있다. 따라서 사육주는 자신의 레게에게 항상 최적의 환경을 제공하기 위해 세심한 노력을 기울여야 하며, 최선을 다해 관리했음에도 불구하고 건강문제는 여전히 발생할 수 있다는 것도 염두에 두도록 한다.

건강이 좋지 않은 개체의 징후

레오파드 게코의 건강이 좋지 않은 경우 가장 먼저 눈에 띄는 곳은 바로 꼬리와 뒷다리의 상태다. 꼬리가 비정상적으로 가늘고 약한 경우와 허벅지가 움푹 패인 것처럼 마른 경우는, 레게가 현재 아픈 상태이거나 먹이를 제대로 섭취하지 못한 징후일 수 있다. 또한, 꼬리의 모양은 주름 없이 둥근 형태를 띠어야 하는데, 꼬리가 주름져 있다면 그 개체가 오랜 기간 동안 먹이를 섭취하지 못했음을 의미한다.

건강한 레오파드 게코는 눈이 깨끗하고 콧물이 보이지 않으며, 전체적으로 몸이 통통하다.

전체적으로 몸이 삐쩍 말랐거나 뼈가 보일 정도로 얇은 경우도 영양공급이 제대로 이뤄지지 않은 상태임을 나타내는 것이므로 자세히 확인하도록 한다.

모든 반려동물에 있어서 질병의 유무를 판단할 때 배설물의 변화를 살펴보는 것이 매우 중요한데, 대변의 색이 평소와 달리 이상하거나 설사의 흔적이 있는지 확인하도록 한다. 옅은 밝은 색 또는 노란빛을 띠는 주황색 대변, 납작한 고기패티 모양의 대변, 너무 무른 대변은 모두 질병의 가능성이 있는 징후다.

피부에 땀이 흐르는 것처럼 보이는 경우, 피부의 특정 부분에 변색이 있고 벌어진 상처가 있는 경우, 입 또는 눈이 부은 경우, 눈 및 콧구멍 또는 입 주위에 점액이 흐르는 경우, 발가락이 부어 있거나 잘린 것이 있는 경우, 눈이 작거나 또는 크게 튀어나온 경우, 입을 닫을 때 평평하지 않고 위턱 또는 아래턱이 돌출된 경우 등은 관련 질병이 발생했을 가능성이 있는 징후들이므로 유심히 살펴보도록 한다.

스트레스와 질병의 발생

레오파드 게코를 건강하게 기르기 위해서는 (질병발생 시 치료방법을 고려할 때도) 스트레스의 영향에 대해 이해하는 것이 중요하다. 다른 동물들과 마찬가지로, 레오파드 게코도 사육 하에서 스트레스를 받게 되는데, 스트레스를 받은 레게는 그들이 일반적으로 막아내야 할 미생물에 의해 공격을 받기 쉬운 경향이 있다. 많은 수의 진균, 박테리아, 바이러스 등이 항상 환경에 존재하고 있으며, 이러한 요인들은 레게의 면역체계가 손상되기 전까지는 아무런 문제를 일으키지 않는다.

인간을 포함한 모든 종류의 동물은 위협이나 스트레스를 받을 경우 이를 방어하고 벗어나기 위해 체내의 생화학적 기제를 촉진하게 되는데, 이는 위험에 직면했을 때 매우 필요한 생체반응이다. 그러나 이러한 자연적인 화학물질에 장기간 노출되면 면역체계를 약화시킴으로써 동물을 기생충과 질병에 취약하게 만든다. 잠재적인 질병매개체가 어디에나 항상 존재하고 있기 때문에 레오파드 게코에게 스트레스 없는 사육환경을 제공하는 것이 매우 중요하다고 볼 수 있겠다.

레오파드 게코에게 스트레스를 유발하는 일반적인 요인은 잘못 설계된 사육장, 부적절한 사육온도, 외부의 소음, 집 안에서 기르고 있는 다른 반려동물 또는 사육장 내의 공격적인 동료, 영양이 부족한 식단 등을 포함한다. 잘못된 식단과 같은 사항은 종종 장기적인 요인으로 작용하며, 그 영향 또한 매우 점진적으로 나타날 수 있기 때문에 이러한 요인들이 야기하는 문제는 검출과 치료가 어렵다. 앞서도 언급했듯이, 레오파드 게코는 매우 강건하고 튼튼한 도마뱀이지만, 좀 더 건강하게 오래 기르기 위해서는 스트레스가 유발되지 않도록 평상시에 사육환경을 적절하게 유지·관리하는 것이 무엇보다 중요하다고 할 수 있다.

▲ 사육주 부주의한 관리로 다리가 손상된 레오파드 게코의 모습

스트레스는 면역체계를 약화시키고, 기생충과 질병에 취약하게 만들기 때문에 스트레스가 유발되지 않도록 사육환경을 적절하게 유지·관리하는 것이 중요하다.

질병예방을 위한 일상적인 점검

모든 질병은 발생했을 때 치료하는 것보다 미리 예방하는 것이 최선이다. 다른 반려동물의 경우와 마찬가지로, 레게를 관리하는 데 있어서 항상 겉으로 드러나는 이상징후에 최대한 관심을 둬야 한다는 것을 명심해야 한다. 아파 보이는 동물은 사냥하기 쉬운 먹잇감을 찾는 포식자의 눈에 쉽게 띄기 때문에, 질병을 앓고 있는 개체는 질병의 징후가 겉으로 드러나는 것을 감추려는 경향이 있다. 이는 인공번식된 개체의 경우라도 마찬가지이므로 자신의 레게가 겉으로는 건강해 보일지라도 실제로는 질병이 있는 상태일 수도 있다는 것을 명심하도록 한다.

이러한 습성은 포식자의 눈을 속여 위기로부터 벗어날 수 있다는 점에서 야생에서는 도움이 되지만, 사육 하에 있어서는 사육주의 판단을 방해함으로써 관리를 어렵게 만드는 요인이 된다. 레게의 질병이 심각하게 발전될 때까지 사육주가 문제를 알아챌 수 없게 만들고, 더불어 치료를 더욱 어렵게 만드는 결과를 초래하게 되는 것이다. 따라서 레게가 평상시에 취하는 정상적인 행동을 올바르게 인지하고,

이와 다른 행동을 할 때 그 차이를 인식하는 것이 필수적이다. 심지어 자세에 나타나는 약간의 뉘앙스도 중요한 징후일 수 있으므로 자신의 레게가 활동할 때나 휴식을 취할 때 어떠한 행동과 자세를 유지하는지 주목해야 한다.

진료 가능한 수의사 확보 및 진단

자신의 레게가 응급상황에 처하게 되기 전에 수의사를 미리 수배해놓는 것이 좋다. 수의사를 선택할 때는 그 수의사가 파충류를 진료한 경험이 있는지 확인해야 하며, 만약 경험이 있는 수의사라면 레오파드 게코나 다른 도마뱀을 진료한 경험이 있는지 다시 한번 확인하도록 한다. 개나 고양이 등과는 달리 특별한 지식과 치료가 요구되는 파충류 및 양서류에 대한 경험이 있는 수의사는 극히 적기 때문에 레오파드 게코를 위해 훌륭한 수의사를 찾는 일은 매우 어렵다(특히 우리나라의 경우 더욱 어렵다). 레게를 진료한 경험이 없는 수의사가 많으므로 응급상황이 닥쳤을 때 당황하지 않도록 미리 수소문해 놓는 것이 좋겠다(반려파충류를 기르는 사육주의 수가 꾸준히 증가함에 따라 이제는 파충류치료를 진료과목에 포함하는 수의사도 증가하고 있는 추세이기는 하다).

의심되는 징후를 발견했을 때는 지체하지 말고 레게를 수의사에게 데려가도록 한다. 수의사를 방문하는 경우 치료비용이 많이 소요될 수 있지만, 자신의 레게를 위한 책임 있는 건강관리는 사육주로서 당연히 해야 할 도리이자 노력의 일환이다.

집에서 자가 치료하는 것은 그다지 큰 효과가 없고, 결과적으로 레게를 사망하게 하는 경우가 종종 있으므로 심각한 문제라고 판단되면 즉시 수의사를 찾도록 한다. 다행히 레오파드 게코는 강건하고 질병의 발생과 부상은 그리 일반적이지는 않다. 레게의 사육환경을 잘 관리하고, 물과 먹이를 적절하게 제공하며, 정상범위 내에서 온도를 유지해주면 이러한 문제가 발생할 가능성은 줄어들 것이다.

창백한 눈을 가지고 있는 알비노 레게

02 section

흔히 걸리는
질병 및 대책

레오파드 게코는 매우 강건한 도마뱀으로 병원을 방문하게 될 일이 발생하는 경우는 극히 드물며, 적절한 사육환경에서 제대로 관리한다면 대부분의 의료문제는 피할 수 있다. 그러나 그럼에도 불구하고 여러 가지 문제가 발생할 수 있고, 사육주는 이러한 문제들을 잘 알아둬야 할 필요가 있다. 이번 섹션에서는 레오파드 게코에게 발생할 수 있는 가장 일반적인 질환에 대해 다루도록 하겠다.

저칼슘혈증(hypocalcemia, 대사성 골질환)
저칼슘혈증이란 혈액 중의 칼슘량이 정상수준 이하로 낮게 감소된 상태, 즉 칼슘 성분이 모자라거나 없을 경우 발생하는 칼슘결핍증의 형태다. 레게는 일반적으로 사육 하에 있는 대부분의 도마뱀들보다 저칼슘혈증으로부터 오는 합병증에 대한 저항력이 좀 더 높은 편이다. 저칼슘혈증을 일으키는 가장 흔한 원인은 비타민D3 부족 및 칼슘부족을 들 수 있으며, 저칼슘혈증의 증상은 혼수, 쇠약, 고통스러운 움직임, 연화턱(또는 고무턱), 부어오르거나 뒤틀린 사지 등을 포함한다.

이러한 증상을 제때에 발견한 경우 레오파드 게코의 식단에 칼슘을 증가하는 방법으로 증상을 완화시킬 수 있다(초기에 문제를 감지하기는 어렵지만, 먹이를 먹지 않는 경우 칼슘결핍의 가능성이 있다는 점을 기억하자). 칼슘부족은 빠르게 성장하는 주버나일 개체에 있어서 심각한 문제가 될 수 있으며, 이러한 결핍은 또한 번식 중인 암컷(알을 생성하기 위해 자신의 몸에 축적된 칼슘을 소모한다)에게도 발생할 수 있다. 칼슘결핍이 심한 경우는 사지가 뒤틀린다거나 다른 형태의 신체변형 등 영구적인 장애가 나타날 수 있다. 따라서 예방이 최선의 해결책이라는 것을 항상 염두에 두도록 한다.

저칼슘혈증을 예방하기 위해서는 레게의 식단에 칼슘을 추가하는 것이 중요하며, 레게는 주로 곤충을 먹이로 하기 때문에 적절한 보충제를 더스팅한 먹이곤충을 제공하는 것이 필수적이다. 주버나일 개체에게는 매일 탄산칼슘을 더스팅해주고 성체에게는 격일로 더스팅해주는 것이 좋으며, 일주일에 한 번은 탄산칼슘 대신 칼슘/비타민D3 보충제를 더스팅해줘야 한다. 칼슘보충제는 인보다 칼슘함량이 더 많은 것을 선택해야 하며, 인을 전혀 포함하지 않은 제품이 권장된다.

저칼슘혈증의 징후가 포착되는 경우 증상이 개선될 때까지 비타민D3의 공급횟수를 늘릴 수 있는데, 너무 높은 수준의 비타민D3는 연조직을 무기물화시키는 원인이 될 수 있으므로 정확하게 판단해서 보충제를 과다하게 제공하지 않도록 주의해

칼슘부족으로 인한 대사성 골질환을 앓고 있는 개체(왼쪽)와 대사성 골질환으로 꼬리가 부절된 개체(오른쪽)

야 한다. 2주일에 한 번 핑키를 급여하는 것도 칼슘과 미리 형성된 비타민D3를 포함해 비타민 및 무기질의 훌륭한 공급원을 제공하는 방법이 된다. 이때 핑키를 과도하게 공급하면 비만으로 이어질 수 있으므로 급여에 주의하도록 한다.

액체 글루콘산칼슘(neocalglucon, 대부분의 약국에서 구입 가능하다)은 레오파드 게코의 식단에 칼슘수준을 높이는 데 매우 유용하며, 아주 소량이라도 크게 도움이 된다. 평균적으로 이틀에 한 번씩 하루 한 방울을 투여하고 다음 주일에 한 방울을 투여하는데, 이 식이요법으로 종종 문제가 해결되기도 한다. 액체 글루콘산칼슘은 맛이 달콤하기 때문에 레게의 입 끝에 흘려주면 떨어진 방울을 쉽게 핥을 것이다. 개별 레게에 대한 적절한 투여량을 결정하기 위해서는 수의사와 상의하도록 하며, 수의사는 레게의 몸무게에 따라 투여량을 계산하게 된다.

위장질환(gastrointestinal disorder)

위장질환이 발생했을 때 나타나는 가장 명백한 징후는 배설물 이상과 체중감소다. 정상적인 대변에 비해 상대적으로 건조한 대변, 소화되지 않은 귀뚜라미 덩어리가 남아 있는 대변을 배설하는 경우 위장에 이상이 생겼다는 신호라고 볼 수 있다. 대변에 섞여 있는 귀뚜라미 덩어리는 레오파드 게코가 구토한 것이거나, 미처 소화되지 않은 귀뚜라미가 그대로 통과돼 대변과 함께 배설된 것일 수도 있다. 위장질환의 다른 증상은 무기력, 식욕부진, 비정상적으로 묽은 변 또는 혈변을 포함한다. 또한, 홍채가 어둡게 변하는 현상이 나타날 수도 있다. 증상이 심각해짐에 따라 레오파드 게코가 먹고 마시는 행위를 중단하면 죽음을 초래할 수 있다.

수의사의 진단을 통해 원인을 파악하는 것이 좋은데, 대부분의 위장질환의 경우는 세균감염으로 인한 것이다. 효과적인 약물을 선택하는 데 도움을 주기 위해 분변의 배양이 필요할 수 있다. 트리코모나스(Trichomonas; 백선균, 편모충류 트리코모나스속의 원충)와 콕시디아(Coccidia, 척추동물 소화기관의 기생충) 같은 장내 기생충에 대한 검사를 실시하기 위해 대변샘플을 확보하는 것이 중요하다. 트리코모나스는 편모가 있는 원생동물로 3~5일 동안 매일 50mg/kg의 메트로니다졸(metronidazole, 제품명 Flagyl or Searle) 용액을 투여하는 방법으로 치료할 수 있다.

콕시디아증(coccidiosis)

레오파드 게코가 작은 케이지에서도 무리 없이 잘 살아간다는 점은 레게를 콕시디아에 특히 취약하게 만드는 요인이 된다. 콕시디아는 포자충강, 콕시디아아강에 속하는 원충을 총칭하는 것이며, 종의 번식을 위해 숙주동물의 장 내벽에 침투하는 작은 기생충이다. 콕시디아증은 콕시디아가 동물의 소화관 상피에서 점막 밑조직의 세포질 내에 기생하면서 상피를 파괴시켜 장염을 일으키는 질환이다.

콕시디아는 작은 달걀 모양의 구조를 띠는 접합자낭(oocyst, 포자충류가 유성생식·有性生殖을 해서 생긴 접합자 주위에 피낭이 형성된 것. 콕시디아류에 있어서는 분변과 함께 배설된다)으로 번식하는데, 접합자낭은 기생충의 감염단계이며 다른 숙주가 접합자낭에 노출될 가능성이 있는 환경 속으로 대변과 함께 배출된다. 좁고 폐쇄된 환경에서 레게는 반복적으로 콕시디아의 숙주로서의 역할을 지속할 수 있으며, 이때 콕시디아의 숫자는 기하급수적으로 증가하게 된다. 직접수명주기(중간숙주가 필요 없는)를 가진 기생충이 증강될 때 중복감염(super-infection)이라고 하며, 위장에 대한 자극이 탈수와 식욕부진을 초래하고 2차 세균의 침입을 허용하게 된다.

치료는 설파제(sulfadrug, 설폰아미드 유도체로 많은 세균의 생장을 저해하는 일군의 항균성 약물) 기반의 약물 제공으로 진행되는데, 매 24~48시간마다 설파디메독신(sulfadimethoxine, 제품명 Albon) 50mg/kg을 경구투여하는 것이 가장 좋은 방법이다. 치료과정에 있어서 콕시디아를 완전히 제거하기 위해서는 투약만으로는 불충분하고 청소를 꼼꼼히 해줘야 한다. 여분의 사육장을 설치해서 하루에 한두 번씩 레게를 옮겨가며 사육장을 깨끗이 청소하도록 한다. 청소를 쉽게 할 수 있게끔 바닥재로는 신문지를 사용하고, 레게를 치료하는 동안 사육장 내의 정교한 구조물들은 모두 제거하도록 한다. 콕시디아가 제

격리/검역의 중요성은 아무리 강조해도 지나치지 않다. 심지어 사육 하의 개체도 기생충에 감염됐을 수 있기 때문에 인공번식개체라고 해서 건강하다고 장담할 수는 없다. 사진은 콕시디아증으로 진단돼 치료를 받고 있는 개체의 모습

거됐는지 확인하기 위해 후속 분변검사가 필요하며, 콕시디아는 전염성이 강한 기생충으로서 레게들 사이에서 쉽게 전파되므로 무리에 추가하는 모든 새로운 개체들에 대해서는 기생충을 검사하는 동안 엄격하게 격리해야 한다.

세균감염 및 내부기생충감염

레오파드 게코의 건강상태를 체크하기 위해서는 항상 배설물의 형태를 눈여겨봐야 한다. 대변은 건조하고 모양이 잘 형성돼 있어야 하며, 부분적으로 하얀색의 요산이 나타나는 것이 정상이다. 묽은 변이나 혈변은 세균감염 또는 기생충감염의 징후일 수 있으므로 대변이 묽거나 혈액을 포함하고 있는 경우 즉시 수의사의 진단을 받아야 한다. 적절한 치료를 위해서는 대변샘플을 채취해 정확한 원인을 분석해야 하는데, 대변샘플을 채취할 때는 플라스틱 스푼을 이용하고 비닐봉투에 샘플을 담아 레오파드 게코와 함께 동물병원을 방문하도록 한다.

야생에서 채집된 레게는 일반적으로 내부기생충(회충, 십이지장충, 야생에 흔하게 존재하는 원생동물 및 기생편모충 등 많은 유형의 기생충이 포함된다)을 갖고 있으며, 이는 수의사의 치료를 통해 제거될 수 있다. 따라서 야생채집개체의 경우 분변검사를 통해 레게가 보유하고 있는 기생충의 종류를 확인하고 적절한 약물을 처방받도록 해야 한다. 동물병원에서 분변검사를 실시할 때는 살아 있는 기생충이 필요하므로 샘플을 수집한 후 가능한 한 빨리 수집한 샘플을 수의사에게 가져가도록 해야 한다.

기생충감염에 대한 치료는 비교적 쉽고 성공적이지만, 적절한 치료를 위해서는 수의사의 정확한 진단이 필요하다. 예방을 위해서는 매년 분변검사를 실시하는 것이 바람직하며, 이는 인공번식개체의 경우라 해도 마찬가지다. 동물병원에서 실시되는 기생충검사는 일반적으로 저렴하기 때문에 사육주의 부담이 적은 편이다.

발가락감염 및 피부감염

만성적인 탈피부전은 발가락의 혈관을 파괴하고, 이는 발가락이 손실되는 결과를 초래할 수 있다. 발가락에 외상을 입고 감염된 경우 너무 습기가 많거나 더러운 바닥재에 노출됨으로써 더욱 악화될 수 있으며, 발가락뿐만 아니라 표피까지 감염될 수 있다. 이러한 문제를 해결하기 위해서는 그 원인을 추적하는 것이 중요하다. 치료 시에는 염증이 제거될 때까지 오염된 바닥재를 신문지와 종이타월로 교체하도록 한다. 경미한 경우는 폴리스포린(Polysporin) 또는 네오스포린(Neosporin)과 같은 네오마이신(neomycin, 방사균에서 얻는 항생물질)과 폴리믹신B(polymyxin B, 토양 내의 호기성 균이 생성하는 항생물질) 항생제크림으로 치료할 수 있으며, 심각한 경우는 수의사의 치료가 필요하다. 일단 치료가 되면 레게를 깨끗하고 건조한 바닥재를 깔아둔 사육장으로 옮겨 관리하도록 한다.

구내염(stomatitis)

구내염은 파충류에 있어서 종종 나타나는 기본적인 구강 관련 질환이며, 레오파드 게코에 있어서는 일반적으로 부상에 의한 2차적 질환으로 나타날 수 있다. 레오파드 게코가 부상을 당할 수 있는 경우는 여러 가지가 있는데, 수컷들 사이에서 벌어지는 싸움으로 인해 부상을 입을 수 있으며, 먹이를 사냥할 때 바위에 스스로를 상처 입힐 수 있고 또는 곤충을 향해 돌진할 때 실수로 껍질을 움켜잡음으로써 손상되는 경우도 있다. 심지어 귀뚜라미가 점프할 때 뒷다리에 채이는 것이 구강감염의 원인이 된다는 보고도 있다. 이러한 이유로 레오파드 게코에게 성체 귀뚜라미를 먹이로 급여할 때는 뒷다리를 제거한 후 공급하는 방법이 권장된다. 성체 귀뚜라미의 뒷다리는 레게 성체의 꼬리와 마찬가지로 절단이 가능하며, 핀셋으로 귀뚜라미 뒷다리의 지방 부분을 살짝 집어주면 다리가 쉽게 떨어지게 된다.

구내염의 증상은 부종, 부정교합(상하 턱이 고르지 않음), 먹이섭취부진 등을 포함하며, 정밀검사에서 치즈 같은 고름이 보일 수 있다. 구내염 감염 여부를 알 수 있는 가장 좋은 방법은 입 주변에 부종이 있는지 확인하는 것이며, 이를 위해서는 사육주가 레게의 일반적인 외형에 대해 잘 파악하고 있어야 한다. 감염 여부를 조기에 발견해 붓기만 약간 보이는 경우라면, 염증이 확산되기 전에 치료를 시작할 수 있다.

치료는 일반적으로 소독제를 이용해 매일 상처를 깨끗하게 닦아주는 것이 포함되며, 과산화수소나 희석한 소독액(제품명 Betadine)으로 입을 깨끗하게 세척하고 느슨해진 조직과 고름을 부드럽게 제거해준다. 여기에 경구항생제 투여과정이 추가되는

귀뚜라미의 뒷다리에 채여 구강감염이 유발된다는 보고도 있으므로 귀뚜라미를 급여할 때는 뒷다리를 제거한다.

데, 네오마이신과 폴리믹신B를 사용할 경우 극히 소량은 매일 도포할 수 있지만, 과도한 양은 독성을 띨 수 있기 때문에 주의해야 한다. 경미한 경우를 제외한 모든 경우에 수의사와 상담을 하도록 하며, 일반적으로 치료가 어려운 경우 전신항생제가 필요할 수 있다. 구내염을 제대로 치료하기 위해서는 원인균의 최초 배양조직이 중요하다. 배양균은 성공적인 치료를 위해 처방되는 항생제를 결정하는 데 도움이 된다. 수의사가 배양균을 취하기 전에 치료를 시작하는 경우 오진할 가능성도 있는데, 박테리아의 종류에 따라 서로 다른 항생제를 필요로 하기 때문에 오진으로 인해 잘못 처방된 항생제는 전혀 효과가 없으며, 결국 회복이 안 될 수도 있다.

호흡기감염(upper respiratory infections)

모든 파충류에 있어서 오랜 시간 동안 너무 낮은 온도(23.3℃ 이하)에 노출되거나 갑자기 낮은 온도에 노출되는 경우, 호흡기감염이 유발되고 면역체계가 억제되는 결과를 초래한다. 따라서 레게 사육장 내의 온도가 너무 낮은 것은 아닌지 항상 모니터해서 적절한 수준으로 유지해주는 것이 바람직하다. 호흡기감염의 증상은 사육주가 미처 감지하기 어려울 수 있는데, 호흡곤란과 함께 입을 벌리는 행동이 나타나고 거품 나는 콧물을 보이므로 잘 확인하도록 한다. 증상이 경미한 경우에는 사육장의 온도를 높여주는 것으로 문제가 해결되기도 하는데, 처음에는 낮 시간에 최고 28.8~30℃로, 밤에는 26.7℃보다 낮지 않게 떨어뜨려주면 어느 정도 효과를 볼 수 있다. 만약 개선의 여지가 없거나 증상이 악화되는 경우에는 파충류 진료가 가능한 수의사를 방문해 진단과 치료를 받는 것이 좋다.

소화관 협착(digestive tract stenosis)

레오파드 게코에 있어서 비교적 흔하게 나타나는 문제 중 하나는 소화가 잘 안 되는 무언가를 먹었을 때 발생하는 소화관의 협착이다. 소화가 잘 안 되는 물질은 나무껍질, 자갈, 레게가 먹이곤충을 압박하는 동안 무심코 섭취할 수 있는 모래가 포함될 수 있고, 레게가 의도적으로 섭취하는 다른 바닥재가 될 수도 있다. 질병이나 스트레스 등 특정 원인에 의해 대사기능이 저하된 상태에서 이러한 유형의 물질을 삼켰을 경우 치명적일 수 있는 임팩션(impaction, 장폐색)을 초래하게 된다.

협착으로 고통을 받고 있는 레게는 먹기를 중단하고 배변을 하지 않으며, 움직임에 어려움을 느끼거나 전혀 움직이지 않을 수 있다. 결국 레게는 모든 것에 무관심해지고 반응하지 않게 될 것이며, 오랜 시간 동안 눈을 감은 채로 은신해 있을 수도 있다. 이러한 증상을 보이는 경우 레게를 얕은 물에서 잠시 헤엄칠 수 있도록 유도하거나 미네랄오일을 강제로 투여하는 것과 같은 민간요법이 드물게 성공하기도 하지만, 임팩션이 의심되는 경우 수의사에게 데려가는 것이 최선의 해결책이다.

에그 바인딩(egg binding, 알막힘)

레오파드 게코는 일반적으로 한 클러치당 두 개의 알을 낳는데, 때때로 알을 하나 낳고 나머지 알을 낳는 과정에서 어려움을 겪는 경우가 발생할 수 있다. 알이 특정 이유로 인해 산도에 걸려 나오지 않는 경우, 이러한 현상을 에그 바인딩이라고 한다. 이때 사육주는 급한 마음에 알을 인위적으로 꺼내주고 싶어지겠지만, 이는 레

레오파드 게코는 매우 강건한 도마뱀으로 병원을 방문하게 될 일이 발생하는 경우는 극히 드물며, 적절한 사육환경에서 제대로 관리한다면 대부분의 의료문제는 피할 수 있다.

오파드 게코의 생식관이 찢어질 수도 있는 위험한 일이므로 절대 삼가도록 한다. 에그 바인딩을 해결하기 위해 옥시토신(oxytocin, 뇌하수체 후엽(後葉) 호르몬의 일종으로 진통, 모유분비 촉진) 같은 생식호르몬을 사용하는 경우도 있지만 실질적인 효과는 없는 것으로 보이며, 남아 있는 알을 외과적 수술로 제거해주는 것이 가장 좋다.

에그 바인딩의 원인은 여러 가지가 있을 수 있으며, 저칼슘혈증은 가장 주요한 원인이다. 칼슘은 생식기관의 평활근 수축에 필수적인 영양성분이며, 칼슘이 부족하면 이러한 근육이 약화됨으로써 산란하는 데 어려움을 겪게 된다. 따라서 임신한 암컷에게는 산란을 원활하게 할 수 있도록 매일 칼슘보충제를 공급해줘야 한다.

생식기 탈출증(genital prolapse)

수컷에게 나타나는 위험한 현상 중 하나는 반음경(hemipenes) 탈출증이다. 반음경은 수컷의 내부생식기관으로 꼬리 시작부분에 있는 총배설강 아래에 위치하고 있다. 성체 수컷에서 총배설강 아래를 확인하면 두 개의 부푼 돌기를 볼 수 있으며,

제5장 레오파드 게코의 건강과 질병

이 부푼 돌기 안에 반음경이 들어 있다. 때때로 수컷은 반음경을 뒤집기도 하는데 (겉으로 돌았거나 안팎이 뒤집어진), 드물게 한쪽이 뒤집어진 채 남아 있을 수 있다. 이러한 현상에 대한 원인은 알려져 있지 않지만, 이것이 반음경의 탈수증을 초래할 수 있으므로 뒤집어진 채 남아 있는 반음경은 즉각 조치를 취해줘야 한다. 만약 그대로 방치해 반음경이 건조될 경우 금세 조직이 괴사되므로 주의를 요한다.

가능한 한 빠른 시간 내에 수의사의 진단을 받아야 하며, 동물병원으로 옮기는 동안 물을 분무해주고 젖은 종이타월을 덮어줌으로써 탈출된 반음경을 축축하게 유지해줘야 한다. 수의사에게 옮기는 동안 이렇게 상처 부위를 습하게 유지해주면 내부조직이 건조되지 않는다. 드물지만 암컷 레게의 경우도 생식기관 탈출증이 나타날 수 있으며, 이 경우 또한 즉시 수의사의 치료를 받아야 한다.

싸움으로 인한 부상

레오파드 게코를 그룹으로 기르는 경우, 한 마리 또는 암수 한 쌍을 기르는 경우보다 개체들끼리 싸움을 일으킬 가능성이 크다. 만약 두 마리 이상의 레오파드 게코를 합사해 기를 계획이라면 수컷은 반드시 한 마리만 투입해야 한다는 것을 명심하도록 하자. 같은 사육장에 수컷이 여러 마리 있는 경우 서로 격렬하게 싸우게 되며, 이는 크고 작은 부상으로 이어질 수 있다는 것을 잊지 않도록 한다.

수컷들 사이에 발생하는 싸움을 방지하기 위해서는 합사하기 전에 암수 성별을 확인하는 것이 중요하다. 많은 브리더들이 부화온도에 따라 암수가 결정되는 방식으로 생산된 주버나일 개체를 분양하고 있지만(184페이지 '부화온도와 성별 결정'에서 특정 성을 위한 번식에 대해 자세한 내용 참고), 암수의 성을 결정하는 이러한 방법은 제대로 된 조건 하에 수행되는 경우에만 신뢰할 수 있다는 점을 염두에 두도록 한다. 입양할 때 암수가 확인된 주버나일 개체를 선택했다 하더라도 성별의 특징이 겉으로 확연하게 드러나지 않을 수도 있기 때문에 가까이서 잘 지켜보는 것이 필요하다.

한 쌍 또는 주버나일 개체 여러 마리를 같은 사육장에 함께 기르는 경우, 개체들 사이에 싸움이 있는지 여부를 항상 살펴봐야 할 필요가 있다. 그룹 중에 수컷 레오파드 게코가 두 마리 이상이라고 의심되는 경우 즉시 수컷을 격리해야 한다. 무리 중

에 다른 개체들보다 잘 숨는 모습을 보이는 개체가 있다면 그 레오파드 게코는 다른 녀석에게 괴롭힘을 당하고 있는 것일 수도 있다. 심지어 암컷의 경우에도 싸움이 발생할 수 있으므로 늘 주의를 기울여 살펴보는 습관을 들이는 것이 좋다.

같은 사육장에 여러 마리의 레게를 함께 기를 때 그 그룹은 계층구조 또는 서열을 갖게 되는데, 한 사육장에 너무 과밀하지 않도록 적절한 마릿수를 투입하고 은신처의 수를 적절하게 제공함으로써 이러한 문제의 발생가능성을 줄일 수 있다. 은신처는 레게 한 마리당 한 개씩 제공하는 것이 좋으며, 여분으로 하나 또는 두 개의 은신처를 추가하면 좋다. 만약 수컷 사이에 싸움이 있었고, 그 결과 심각한 바이팅 또는 부상이 있는 경우 가능한 한 빨리 수의사에게 데려가야 한다.

살모넬라감염과 예방법

살모넬라균은 대개 파충류 하면 사람들의 머릿속에 가장 먼저 떠오르는 박테리아의 일종이다. 사실 살모넬라균은 거의 모든 사물의 표면에 일반적으로 존재하고 있으며, 대부분의 생물은 매일 다량의 살모넬라를 접촉하고 있다. 모든 반려파충류의 피부와 소화관 내에 살모넬라균이 잠복하고 있다고 가정해야 하지만, 살모넬라균은 또한 일반적으로 개와 고양이 같은 반려동물에서도 발견된다. 살모넬라균은 회복력이 매우 강하며, 무생물의 표면에서도 잘 살아간다. 살모넬라균의 종류 또는 유형은 매우 다양하며, 일부 종은 독성이 매우 강해서 심각한 질병 또는 심지어 사망을 일으킬 수 있다.

이러한 위험은 특히 질병에 걸려 면역체계가 약해진 사람 또는 질병으로 인해 면역반응이 손상된 사람, 어린아이와 노인들에 있어서 심각하게 나타난다. 가족구성원 중에 이러한 사람이 있는 사육주는 관련된 위험과 특정 상황에 맞는 조치를 취해야 한다. 살모넬라균에 감염됐을 때 나타나는 특정 증상에 대해 의사와 상담할 수 있는데, 이때 자신이 반려파충류를 기르고 있다는 사실을 의사에게 알려야 한다. 건강한 반려파충류와 반려양서류는 거의 일반적으로 살모넬라균의 집단발생에 대해 신경 쓰지 않아도 되지만, 질병이나 스트레스 같은 다른 요인이 존재하는 경우에는 질병으로 발전할 수 있다. 건강한 성인의 경우 다음과 같이 간단한 주의사항만 잘 따른다면 살모넬라균에 감염되는 것을 예방할 수 있다.

- 레오파드 게코를 만지기 전과 후에는 반드시 손을 씻도록 하고(음식을 먹든 안 먹든 상관없이), 핸들링 전후 손을 깨끗이 씻음으로써 다른 개체에게 살모넬라균을 옮기는 것을 막을 수 있다.
- 레오파드 게코의 사육장에 사용되는 기구와 그릇은 다른 목적으로 절대 사용하지 말아야 하고, 사람의 음식을 준비하는 데 사용되는 싱크대에서 절대 씻지 말아야 한다. 이러한 기구들을 세척할 때는 화장실을 이용하도록 하고, 세척이 끝나면 항균제와 키친타월로 세면대 전체를 샅샅이 닦는다.
- 레오파드 게코나 다른 반려동물과 입맞춤을 하지 않도록 한다. 반려동물에게 입맞춤을 하는 습관은 살모넬라균의 감염위험과 함께 바이팅의 위험이 따른다(입술 부근을 물리면 심지어 작은 반려동물일지라도 매우 고통스러우며, 영구적인 흉터를 남기게 될 가능성이 있다).

Chapter 06

레오파드 게코의 번식과 실제

레오파드 게코를 번식하기 전에 기본적으로 알아야 할 사항들에 대해 살펴보고, 실제적인 번식의 전반적인 과정에 대해 알아본다.

01 section

레오파드 게코의 성별구분법

반려동물을 기르다 보면 누구나 번식을 시켜보고 싶은 욕구가 생기게 마련이고, 또 사육주가 의도하지 않아도 번식의 기회가 오게 된다. 레오파드 게코는 사육 하에서 비교적 쉽게 번식시킬 수 있는 도마뱀이기 때문에 기본적인 지식만 갖추면 초보사육주라도 새끼 레게가 태어나는 과정의 즐거움을 경험할 수 있다. 제6장에서는 레게의 번식을 위해 사육주가 알아야 할 내용에 대해 살펴보도록 한다.

번식하는 데 있어서 가장 먼저 해야 할 일은 두말할 것도 없이 암컷과 수컷을 확보하는 것이며, 건강하고 성숙한 암수를 구하는 것이 성공적인 번식을 위한 가장 중요한 요건이라고 할 수 있다. 암수를 확보하기 위해서는 우선 성별을 구분하는 방법에 대해 알아두는 것이 좋으므로 이번 섹션에서는 암수 성별을 구분하는 법에 대해 알아보도록 하겠다. 일반적으로 암컷의 경우 수컷이 지닌 특징이 비교적 약하게 나타나거나 없는 것으로 구별된다. 그러나 모든 레게가 이러한 특성을 보여주는 것은 아니며, 일부는 다른 개체들보다 성별이 확인되는 특성을 좀 더 가지고 있기도 하므로 레게의 성별을 구별할 때 이 점을 염두에 두도록 하자.

10개월이 될 때까지 또는 성적으로 충분히 성숙해질 때까지는 개체의 성별을 정확하게 알 수 없다.

레게의 성별을 구분하는 것은 비교적 쉽지만, 개체가 10개월이 될 때까지 또는 성적으로 충분히 성숙해질 때까지는 성별을 정확하게 알 수 없다는 점을 염두에 둬야 한다. 대부분의 브리더들은 개체가 매우 어린데도 불구하고 자신이 보유한 레게의 성별을 정확하게 알고 있는데, 부화온도에 따라 알이 부화하기 전에 레게의 성별이 결정되기 때문에 어린 개체인 경우에도 성별구분이 가능한 것이다.

머리 크기 차이에 의한 암수구분

머리의 크기 차이를 비교해 암수를 구별할 수는 있다. 수컷의 경우 머리가 암컷에 비해 넓고 더 단단하며, 목은 성체 수컷에 있어서 암컷보다 더 두껍다. 반면 암컷은 머리가 수컷에 비해 좁고 좀 더 코 쪽을 향해 뻗어 있으며, 덜 단단한 편이다. 목도 수컷에 비해 더 가늘다. 일반적으로 몸무게도 수컷이 암컷보다 더 나간다. 그러나 이러한 외형적 요인들은 그 차이가 아주 미미하기 때문에 레게의 성별을 확인하는 데 있어서 그다지 신뢰할 수 있는 방법은 아니다. 정확한 성별구분을 위해서는 다른 성적 특징을 확인하는 방법을 권장한다.

서혜인공 발달 차이에 의한 암수구분

레오파드 게코의 성별을 좀 더 안정적으로 확인할 수 있는 방법은 성적으로 성숙한 레오파드 게코의 서혜인공(femoral pore)을 확인하는 것이다. 서혜인공이란 도마뱀의 수컷에서 뒷다리의 대퇴 안쪽 비늘에 일렬로 늘어서 있는 표피성 소기관으로 대퇴모공이라고도 하며, 여기서 암컷을 유혹하는 데 사용되는 페로몬이 분비된다. 레오파드 게코의 배꼽 아래 꼬리 시작부분에 총배설강이 위치하고 있는데, 총배설강은 레오파드 게코가 배변과 교미를 위해 사용하는 것으로 꼬리의 뿌리가 몸통과 만나는 곳에 있는 갈라진 틈을 말한다(처녀생식을 통해 번식이 이뤄지는 몇몇 종을 제외하고, 모든 파충류와 마찬가지로 레게는 일반적으로 체내수정에 의존한 생식방법을 통해 번식한다).

뒷다리 사이, 정확히 이 총배설강 위쪽으로 V자 모양을 형성하는 일련의 구멍이 있는 것을 확인할 수 있으며, 이것이 바로 서혜인공이다. 레오파드 게코는 암수 모두 이러한 서혜인공을 가지고 있지만, 수컷의 경우 일반적으로 서혜인공이 암컷에 비해 좀 더 크고 쉽게 확인할 수 있으며, 암컷의 서혜인공은 매우 작고 거의 없는 것으로 보이기 때문에 발견하기가 쉽지 않은 편이다.

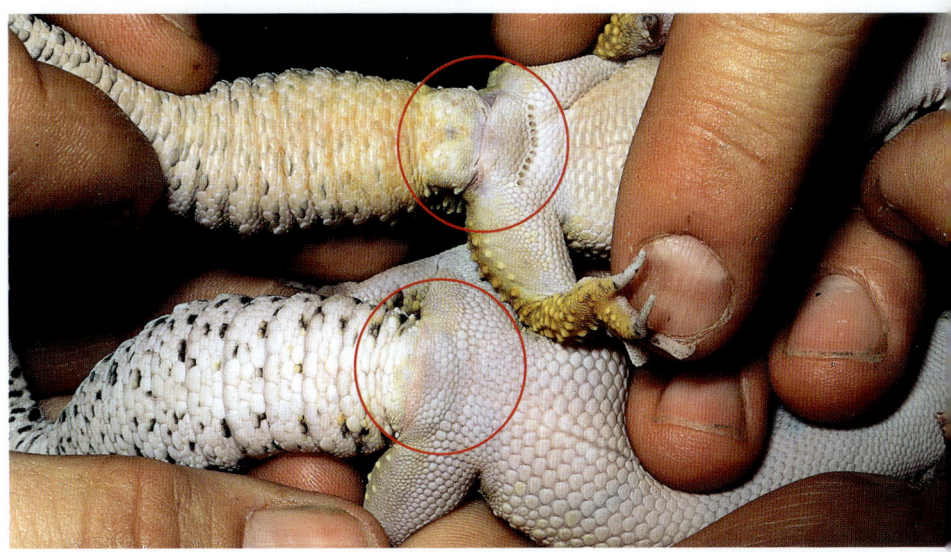

레게 암수의 비교. V자 모양의 서혜인공이 나타나는 위쪽의 레게가 수컷이고 아래쪽은 암컷이다. 총배설강 아래로 반음경이 들어가 있는 두 개의 부푼 돌기도 확인할 수 있다.

반음경 유무에 의한 암수구분

레오파드 게코의 성별을 구분하는 가장 확실한 방법은 몸통과 꼬리가 만나는 부분(꼬리 뿌리)의 아랫면에 두 개의 부푼 돌기가 있는지 확인하는 것이다. 이 돌기는 수컷에서만 볼 수 있는 기관이며, 레오파드 게코가 성적으로 성숙해지면 돌기가 발달하게 되므로 이를 확인하는 것이 성별을 구별할 수 있는 가장 쉬운 방법이다.

암컷에서는 이 부푼 돌기를 볼 수 없기 때문에 일반적으로 레오파드 게코가 암컷이라는 가장 확실한 표식이 된다. 수컷 레게가 지니고 있는 이 부푼 돌기에는 반음경이 들어 있으며, 반음경은 짝짓기를 할 때 겉으로 드러나고 한 번 교미 시에 한쪽이 사용된다. 부푼 돌기가 크지 않기 때문에 차이점을 확인하기 위해서는 여러 마리의 레오파드 게코를 비교해보는 것이 좋다. 일단 그 차이를 확인하게 되면, 자세하게 들여다보지 않아도 암컷과 수컷을 구분할 수 있게 될 것이다.

앞서도 언급했듯이, 반음경을 확인하는 것은 성숙한 레오파드 게코의 성별을 판단하는 가장 쉽고 정확한 방법이다. 일단 레오파드 게코가 완전히 성장하면 암컷이나 수컷에 있어서 겉으로 드러나는 표면적인 특징(성적 이형성이라고 한다)이 존재하며, 수컷의 경우 반음경을 즉시 확인할 수 있다. 젊은 레게의 성별을 판단하는 것은 가능하지만 그 결과는 신뢰할 수 없으므로 암수를 확실하게 구별할 수 있게 될 때까지 이러한 방법으로 많은 개체를 살펴보는 것이 도움이 될 것이다.

성별 확인을 위한 핸들링

성별을 판단하기 위해 레오파드 게코를 핸들링할 때는, 레게가 좋아하지 않는 방식으로 잡아야 하기 때문에 레게의 입장에서는 불편한 과정일 수 있으므로 주의를 요한다. 레게를 거꾸로 잡고 돌리는 경우 취약함을 느끼게 되고, 레게는 자신의 몸을 똑바로 세우기 위해 발버둥을 칠 것이다. 레게를 손가락 위로 오르게 유도하면 아래쪽을 명확하게 볼 수 있는 위치에 이르게 된다. 이때 총배설강 부위 아래로 약간 떨어지게 손가락을 펼쳐주도록 한다. 총배설강 부위를 오랫동안 볼 수 있도록 남은 손으로 위에서부터 레게를 부드럽게 제지할 수 있다. 핸들링 시 레게가 너무 활발하게 움직이는 경우 확인하기 어려울 수 있고, 총배설강 부위를 자세히 살펴보는 동안 레게가 떨어지거나 꼬리를 손실하게 될 위험이 따를 수도 있다. 따라서 음식저장용기 또는 작은 반려동물용 플라스틱 케이지와 같은 투명한 박스에 레게를 넣고 확인하는 방법이 좀 더 쉽다. 빈 용기에 레오파드 게코를 넣고, 밑면의 투명한 부분을 볼 수 있도록 용기를 들어 올려 확인한다. 여유를 가지고 천천히 자세히 살펴보도록 하며, 필요한 경우 플래시를 사용하는 것도 좋다. 이 방법으로 레게의 성별을 좀 더 쉽게 확인할 수 있다.

02 section

레오파드 게코
번식 전 준비

레오파드 게코 사육이 활발하지 않던 초창기에는 사육 하의 레게를 번식하는 데 성공하는 경우가 매우 드물었지만, 레오파드 게코에 대한 지식과 다양한 정보가 축적된 오늘날에는 번식에 성공하는 사육주들이 매우 많아졌다. 심지어 레게를 처음 기르는 초보사육주라도 건강한 수컷과 암컷을 같은 사육장에서 기르는 경우 번식의 기회가 금방 찾아오게 된다. 레게를 번식하는 것은 매우 쉬운 일이지만, 번식과 관련된 여러 가지 정보를 미리 알아두면 성공률을 더욱 높일 수 있다.

기르고 있는 동물을 번식하는 데 있어서 이처럼 관련 정보를 숙지하는 것도 중요한 일이지만, 번식하는 모든 동물에 대한 책임은 온전히 사육주 자신한테 있다는 것 또한 절대 잊어서는 안 된다. 알들을 인큐베이팅하기 전에, 부화한 새끼들을 관리할 사육장을 미리 준비하고 또 그 새끼들을 분양할 곳을 마련해두는 것이 좋겠다. 제6장의 전반을 통해 번식과 관련한 기본적인 사항들을 간략하게 설명하고 있는데, 이외에도 레오파드 게코를 번식하는 과정에 대해 사육주가 알아둬야 할 내용들을 미리 공부해서 시행착오를 줄일 수 있도록 하자.

번식 전 암수의 격리

번식을 위한 레오파드 게코의 성별이 확인됐으면 우선 암수를 격리시켜야 한다. 같은 사육장 내에 수컷을 두 마리 이상 두지 않도록 수컷끼리도 격리시켜야 하는데, 이렇게 격리하지 않으면 수컷들은 서로 싸우게 된다. 싸움에 진 수컷은 다른 수컷을 피해 숨는 경향을 보이며, 우세한 수컷은 싸움에 진 수컷이 자신의 은신영역에서 벗어나려고 할 때마다 괴롭힐 것이다. 싸움은 작은 새끼에게 심각한 부상이나 사망을 초래할 수 있으므로 반드시 격리시키도록 해야 한다. 암컷끼리는 은신처가 충분히 제공되고 사육장의 크기가 큰 경우 일반적으로 잘 지낸다.

수컷은 한 마리 또는 그 이상의 암컷과 합사해 관리할 수 있다. 브리더에 따라 수컷 한 마리에 수십 마리의 암컷을 합사해 관리하는 경우도 많은데, 일반적으로 수컷 한 마리에 암컷 두 마리를 합사해 관리할 때 가장 좋은 결과가 나타난다. 일부 브리더의 경우 같은 사육장에 암수 한 쌍을 합사해 관리하다가 격리한 다음, 다시 합사시키는 방법이 생식행동을 자극한다고 보고한 바 있다.

번식 가능한 크기로 양육

암수를 격리한 다음에는 번식하기에 적당한 나이가 될 때까지 건강하게 기르는 것이 중요하다. 레오파드 게코는 매우 빠르게 성장하고 약 1년이면 성적으로 성숙해지며, 수컷은 암컷보다 더 빨리 준비가 된다. 암컷은 어린 나이에도 번식이 가능하지만, 완전히 성숙하기 전에는 번식을 시키지 않는 것이 좋다. 암컷이 너무 어린 경우 알들이 레게의 크기에 비해 너무 크기 때문에 어린 암컷에게는 산란 자체가 긴장되는 과정일 수

번식을 위한 레게의 성별이 확인됐으면 우선 암수를 격리시켜 개별적으로 관리해야 한다. ©fury

암컷은 산란과정을 원활하게 수행할 수 있을 때까지 충분히 성장시킨 후 번식프로그램에 포함시키는 것이 좋다.

있고, 그것이 성장과 전반적인 건강에 악영향을 미칠 수 있다. 따라서 암컷이 산란의 과정을 원활하게 수행할 수 있을 정도로 충분히 크게 성장을 시키는 것이 바람직하다. 일반적으로 암컷이 생후 18~24개월이 될 때까지 기다려야 하는데, 이때 나이보다는 크기와 몸무게를 기준으로 암컷의 준비상태를 판단하는 것이 원칙이다. 생후 18개월이 지났다 해도 먹이를 충분히 섭취하지 못해 너무 작은 경우 산란에 어려움이 있으므로 번식을 시도해서는 안 된다. 보통은 암컷이 약 40g에 도달할 때까지 기다리며, 50~60g 정도 될 때까지 대기하는 경우도 있다.

번식에 적절한 시기

사육 하에서 레오파드 게코의 번식은 일반적으로 1월부터 9월까지의 기간 동안 이뤄진다. 여러 가지 요인에 따라 일부 개체는 이른 1월에 번식을 시작하는 반면, 늦은 봄까지 번식하지 않는 개체들도 있고 번식기간 중 늦은 시기에 시작하는 경우도 있다. 계절의 변화는 번식과정에 있어서 매우 중요한 요소로서 일반적으로 기

제어된 조건 하에서 3~4개월의 휴지기를 제외하고 레게는 연중 아무 때나 번식을 할 수 있다. ©Yochimu

온의 하강과 기압의 변화가 번식을 자극하게 된다. 따라서 낮이 짧아지기 시작하고 온도가 떨어지는 때인 초가을이 번식하는 데 가장 좋은 시기라고 할 수 있으며, 레오파드 게코의 경우 제어된 조건 하에서 3~4개월의 휴지기를 제외하고 연중 아무 때나 번식이 이뤄질 수 있다.

번식 전 레오파드 게코의 상태

본격적인 번식과정에 들어가기에 앞서 번식프로그램에 포함된 모든 개체는 적절한 체중과 함께 최상의 컨디션을 유지하고 있어야 하며, 꼬리의 상태는 지방이 잘 저장돼 단단하고 두꺼워야 한다. 따라서 번식을 계획하고 있는 경우 레게가 번식에 적절한 상태가 될 수 있도록 사육환경 관리에 최대한 주의를 기울여야 한다.

한편, 레오파드 게코는 쿨링(cooling, 사육 하의 도마뱀에게 인위적인 온도변화를 제공함으로써 자연상태의 동면과 유사한 효과를 유도하는 것) 없이도 번식이 잘 되는 도마뱀이기 때문에 일반적으로는 번식과정에서 쿨링을 생략하는데, 일부 사육주의 경우 번식 전에 약 4~8주 동안의 쿨링기간을 제공하기도 하며, 이 기간 동안 레게를 짧은 광주기(24시간당 일광 12시간 이하)와 시원한 온도(낮 동안은 22.2~24.5℃, 밤에는 18.3℃로 낮게)로 세팅된 환경에 노출시킨다. 차가운 온도와 광주기의 감소는 모두 대부분의 나라에서 겨울에 나타나는 자연적인 특징이며, 이러한 조건에 맞춰 사육환경을 조절하는 데는 사육주의 세심한 노력이 필요하다.

번식의 방법과 선택

레오파드 게코를 번식시킬 때는 수컷 한 마리에 암컷 여러 마리를 합사하는 그룹번식방법과 수컷(또는 암컷) 한 마리에 암컷(또는 수컷) 한 마리를 투입하는 단독번식방법을 취할 수 있다. 각 방법에 대한 장단점을 살펴본 다음 본인의 상황과 목적에 맞춰 알맞은 방법을 선택하도록 한다.

■**그룹번식** : 대부분의 브리더는 수컷 한 마리에 암컷 10~20마리를 합사하는 그룹번식방법을 택한다. 일부 브리더는 수컷 한 마리에 암컷을 무려 50마리나 유지하기도 한다. 생산의 관점에서 봤을 때, 이 방법은 먹이와 자원을 낭비하지 않고 많은 수의 수컷을 합사시키지 않기 때문에 분명한 경제적 이점이 있다. 일부 브리더는 레게가 번식하지 않는 몇개월(10~12월) 동안 수컷을 격리하면 더 성공적이라고 주장하기도 하지만, 이러한 조건 하에서 수컷은 일 년 내내 암컷과 합사할 수 있다.
그룹번식방법을 통한 번식을 계획할 때는 합사된 모든 개체를 신중하게 모니터해야 한다. 일부 암컷들은 다른 개체와의 먹이경쟁에서 밀릴 수 있으며, 이 경우 점진적인 체중감소의 징후가 나타나게 되므로 자세히 살펴보도록 한다. 또한, 그룹 내에 싸움의 흔적이 보이거나 꼬리가 손실된 개체가 있는 경우 특정 그룹으로부터 한 마리 또는 그 이상의 개체를 일시적으로 격리해 관리할 필요가 있다.
상업적 규모의 번식에 관심 있는 사육주들에게는 그룹번식방법이 효과적이다. 생산을 극대화하기 위해서는 정착된 그룹의 생산수준을 세밀하게 기록해야 하며, 번식결과가 빈약하면 해당 번식그룹에 대한 건강상태 및 사육방법 등을 주의 깊게 살펴봐야 한다. 번식성공의 확률을 높이기 위해서는 적어도 한 번은 번식그룹에서 수컷을 교체해주는 것이 좋은 방법이다. 그룹번식방법을 선택할 때 모든 새로운 그룹은 정착된 그룹으로부터 별도의 영역에 개별적으로 격리해야 하며, 새로운 그룹을 핸들링하거나 관리한 후에는 항상 손을 세척해야 한다. 콕시디아증이 그룹 내에 감염돼 그룹 전체를 잃게 된 사례가 매우 많다는 것을 명심하도록 하자. 일반적으로 뱀과 관련된 크립토스포리디움(Cryptosporidium, 콕시디아류의 크립토스포리디움속에 속하는 원충)이 레오파드 게코 그룹에서 진단됐으므로 주의를 기울이는 것이 좋다.

■ 단독번식 : 새로운 모프를 개량하기 위해 번식 쌍을 신중하게 제어하는 데 관심이 있는 브리더들은 개체를 단독으로 유지하는 단독번식방법을 선택한다. 각 개체별로 단독으로 유지하다가 번식기 동안 종축 수컷에게 암컷을 합사할 수 있다. 수컷을 단독으로 유지하면 자신의 영역에 암컷이 갑자기 투입됐을 때 보다 쉽게 번식을 시도하게 되고, 복부에 알이 드러나 보이는 상태에 도달한 암컷들은 수컷의 번식시도를 더욱 적극적으로 수용하는 경향이 있다. 암컷이 수정된 알을 생산하기 위해서는 일반적으로 주어진 계절에 한두 번의 성공적인 교미가 이뤄져야 하며, 암컷 레게는 정자를 1년 동안 체내에 유지하는 능력을 가지고 있다.

단독번식방법은 사육주가 번식의 상황과 조건을 신중하게 제어하는 데 효과적이며, 각 개체별 이력을 쉽게 추적할 수 있는 번식방법이다. 단독번식방법의 또 다른 장점은 암컷이 단독으로 유지됐을 때, 번식을 위한 짧은 만남을 제외하고 수컷으로부터 지속적인 괴롭힘을 당할 일이 없기 때문에 스트레스를 덜 받는다는 것이다.

번식기간을 위한 식단

암컷에 있어서 번식은 상당한 에너지를 소모하고 다량의 칼슘이 요구되는 힘든 과정이다. 따라서 번식기간 동안 암컷에게 적어도 이틀에 한 번 비타민/미네랄보충제로 더스팅한 먹이를 항상 먹을 수 있도록 제공한다. 이때 비타민과 칼슘은 한꺼번에 더스팅하지 말고 하루는 비타민, 하루는 칼슘 식으로 더스팅해주는 것이 바람직하다. 분말탄산칼슘, 글루콘산칼슘 또는 칼슘/비타민D3보충제를 그릇에 담아 사육장에 항상 넣어두는 것도 좋다. 암컷이 번식기간 동안 적절한 체중으로 회복될 수 있도록 돕기 위해 생후 1~2일 된 핑키에 칼슘을 묻혀 제공할 수 있다.

레오파드 게코를 번식시킬 때는 수컷 한 마리에 암컷 여러 마리를 합사하는 그룹번식방법과 암컷 또는 수컷 한 마리에 수컷 또는 암컷 한 마리를 투입하는 단독번식방법이 있다. 각각의 장단점을 잘 살펴보고 본인의 상황과 목적에 맞춰 알맞은 방법을 선택하도록 한다. ©missobsidian95

성공적인 번식을 위한 요건

레오파드 게코의 번식을 성공적으로 이끌기 위해서는 다음과 같은 필수적인 조건이 충족돼야 한다. 첫째, 수컷 한 마리에 최소한 암컷 한 마리 또는 그 이상을 유지해야 한다. 일반적으로 수컷 한 마리에 암컷 두 마리를 유지할 때 가장 좋은 결과가 나타난다. 둘째, 건강한 레오파드 게코를 확보해야 한다. 아프거나 마른 개체는 번식을 고려해서는 안 되며, 이러한 개체는 각각 격리해 별도로 관리해줘야 한다. 이들이 다시 건강을 회복하고 몸무게가 적당해질 때(꼬리의 상태가 지방을 적당히 저장한 것으로 보일 때)까지 양질의 먹이를 공급하고 적절한 치료를 병행하도록 한다.

마지막으로 레게의 나이가 적절해야 한다. 일반적으로 번식하기에 가장 좋은 나이는 2~3살 정도이며, 너무 어린 암컷의 경우 산란과정을 감당하기 힘들다. 6살 이상 나이를 먹은 암컷의 경우도 번식은 가능하지만 알을 아주 적게 낳는다는 것, 또 9년 이상 된 암컷은 알을 거의 낳지 않는다는 것을 기억하도록 하자.

03 section

번식의 과정

레오파드 게코는 현재 파충류시장에서 공급되는 모든 도마뱀 중에서 번식시키기가 가장 쉬운 도마뱀이며, 심지어 사육주가 레게의 번식을 위해 특별한 노력을 기울이지 않아도 번식에 성공하는 경우가 아주 많다. 이번 섹션에서는 레게의 번식이 실제로 어떤 과정을 거쳐 이뤄지는지 간략하게 알아보도록 하겠다. 레오파드 게코에 있어서 사육 하의 번식과정은 〈교미(mating) -〉 산란 -〉 알의 수거 -〉 인큐베이팅 -〉 부화 -〉 유체관리〉의 순으로 진행된다. 매년 지속적으로 번식할 계획을 갖고 있는 사육주라면 이러한 과정들을 잘 기록해두는 것이 좋겠다.

일반적으로 파충류에 있어서 사육 하의 번식은 암수를 교미시키기 전에 쿨링(cooling)[1]이 우선 진행되지만, 앞서도 언급했듯이 레오파드 게코는 별도의 쿨링 과정이 없어도 번식이 잘 되는 도마뱀이며, 쿨링이 진행될 경우 오히려 스트레스를 받을 가능성이 크기 때문에 레오파드 게코의 전체적인 번식과정에서 쿨링은 생략된다는 점을 참고하도록 한다.

---

1 사육 하에서는 자연상태의 동면(hibernation)과 유사한 조건을 인위적으로 만들어주게 되는데, 이 과정을 쿨링이라고 한다.

교미(mating)

번식을 위해 암수를 합사시킬 때는, 낯선 환경에서 수컷이 암컷에 비해 좀 더 적극적인 행동을 취하게 되므로 암컷의 사육장에 수컷을 옮기는 것이 가장 안전한 방법이다. 수컷은 일반적으로 자신의 사육장 내에서 텃세를 부리며 다른 수컷을 향해 공격성을 드러내는데, 번식 모드에서는 이러한 행동을 예측하기 힘들 수도 있다. 그러나 암컷이 수컷보다 더 공격적이거나 덜 긴장하는 것으로 보이는 경우 수컷의 사육장에 암컷을 합사해도 된다. 암수가 이전에 사육장을 함께 사용한 경우라면 같은 사육장에 다시 합사할 수 있다. 수컷이 특히 성질이 고약한 경우라면 사육장에 먼저 암컷을 넣고 암컷을 며칠 동안 그대로 놔두도록 한다.

암수의 교미는 사육주가 확인할 수 있는 시간에 진행될 수도 있고 그렇지 않을 수도 있는데, 암수가 교미하는 모습을 발견했을 때 교미하는 동안 방해하거나 끼어들어서는 안 된다. 수컷은 암컷에 접근한 다음 일반적으로 암컷의 목 뒷덜미를 물게 되는데, 이러한 행동은 지극히 정상이다. 이 과정에서 암컷이 부상을 입지는 않으므로 염려하지 않아도 된다. 일단 수컷과 암컷이 그들의 항문을 나란히 모으면, 수컷은 반음경의 한쪽을 뒤집어서 암컷과 교미를 하게 된다. 교미가 끝나고 난 후 암컷의 몸에 알이 생성되면 암컷의 체중이 늘어난 것을 확인할 수 있다. 또한, 복부의 피부를 통해 알을 육안으로 직접 관찰할 수도 있다.

산란

암컷은 교미가 이뤄진 후 약 1개월이 지나면 자신의 은신처에 알을 낳게 된다(이 기간은 개체에 따라 달라질 수 있다). 알을 낳을 시기가 되면 항상 암컷의 상태를 자세하게 살펴보도록 하고, 알은 매우 빨리 건조될 수 있으므

암수가 교미하고 있는 모습. 수컷이 암컷의 등을 물고 있다.
ⓒbiggoofybastard

로 암컷이 산란을 마친 경우 즉시 알을 수거해 인큐베이팅을 해야 한다. 야생에서는 일반적으로 늦은 겨울이나 이른 봄에 산란을 시작하는데, 따뜻한 온도와 긴 일조시간은 짝짓기와 산란을 촉발하게 된다. 앞서도 언급했듯이, 레오파드 게코에게는 동면기간을 따로 제공할 필요는 없지만, 번식습관에 있어서 일조시간은 중요한 요소가 될 수 있다는 점을 기억하도록 하자.

레오파드 게코는 일반적으로 번식기 동안 두 개의 알을 포함하는 클러치를 여러 번 생산한다. 때때로 알이 하나인 클러치를 생산하는 경우도 있는데, 보통 암컷이 매우 어리거나 나이가 많은 경우 그렇다. 원칙적으로 레오파드 게코가 젊은 경우 첫 번째 해에는 1~3개의 클러치를 생산하고, 좀 더 성숙해지면 5개까지의 클러치를 생산한다. 최적의 사육조건에서 관리할 경우

산란상자에서 산란하고 있는 모습

1년에 수정란 클러치를 8개까지 생산하는 경우도 있다. 번식이 최고조에 달하는 몇 년이 지난 후에는 나이가 많은 개체의 경우 일반적으로 산란개수도 적어지고 수정란도 감소하는 경향이 있으며, 이후에는 완전히 번식을 중단하게 된다.

암컷이 알을 낳을 때가 가까워올수록 체내에 발달 중인 알은 좀 더 선명하게 윤곽이 드러나고, 복부의 측면에서 약간 불룩하게 나타나게 된다. 이때 암컷이 알을 낳을 수 있는 산란상자를 준비해주는 것이 좋으며, 산란상자는 암컷이 편하게 드나들 수 있도록 크기가 충분히 큰 것을 선택하도록 한다. 산란상자의 내부에는 모래, 버미큘라이트, 물이끼 등의 혼합물로 구성된 바닥재를 깔아주고, 촉촉하지만 질척거리지는 않을 정도로 물을 추가하도록 한다.

플라스틱 용기로 직접 제작한 산란상자. 실리콘을 이용해 모래를 뿌려줘서 자연스러움을 연출했다.

산란상자의 바닥재층 바로 위쪽, 용기의 측면에 구멍을 뚫어주도록 한다. 이 구멍은 암컷이 알을 낳기 위해 구덩이를 파는 동안 바닥재의 일부를 밖으로 빼낼 수 있게 해준다. 출입구멍 바깥에 여기저기 흩어져 있는 바닥재는 암컷이 알을 낳았다는 명확한 표시가 된다. 항상은 아니지만 보통 암컷은 알 낳을 자리로 이러한 산란상자를 선택하게 되는데, 암컷이 산란상자를 이용하는 경우 알들이 건조되는 것을 막아준다는 장점이 있다. 또한, 사육주가 알을 살피기 위해 사육장 전체를 들여다볼 필요가 없기 때문에 시간을 절약하는 데 도움이 될 수 있다.

막 낳은 레게 알은 다소 부드럽고 끈적끈적한 경향이 있는데, 수정란은 빠르게 단단해지며 두꺼운 가죽 같은 백회의 흰색 막으로 덮여 있다. 반면에 수정이 안 된 알은 얇고 부드럽게 남아 있으며, 부풀어 오르는 데 실패한다. 알들은 껍데기를 통해 수분을 흡수하면서 부화기간 동안 팽창되고, 부화일이 다가올수록 터질 것 같은 느낌을 준다. 알이 생성되고 그 알이 부화되는 것을 지켜보는 것은 매우 보람 있는 경험이며, 이러한 과정을 눈으로 직접 확인하는 느낌은 매우 놀랍다.

알상자의 세팅

암컷이 산란을 마치고 나면 사육주는 이 알들을 수거해 신속하게 인큐베이터로 옮겨야 하는데, 알을 수거하기 전에 알상자로 사용할 용기를 미리 준비하도록 한다. 알상자로 이용할 용기는 새로 구입해도 되고, 식료품점에서 구할 수 있는 것으로 재활용할 수도 있다. 투명한 플라스틱 반찬용기, 감자나 마카로니 샐러드를 저장하는 포장용기 등도 활용할 수 있고, 이외에도 주변에서 구할 수 있는 다양한 용기들을 사용할 수 있다. 어떠한 용기를 사용하든 투명한 것이 좋은데, 용기가 투명하면 알을 확인하고 알들을 방해하지 않으면서 알의 발달과정을 계속 지켜볼 수 있으며, 심지어 용기를 열어 새끼를 방해하는 일 없이 부화과정을 관찰할 수 있다.

알상자로 사용할 용기는 깨끗이 씻은 후 바닥재를 깔아줘야 한다. 알상자 바닥재로 선택할 수 있는 것은 여러 가지가 있는데, 버미큘라이트(vermiculite, 질석; 가열했을 때 부풀어오르고 많은 양의 수분을 흡수한다)와 펄라이트(perlite, 진주암; 다량의 수분을 포함하고 있고, 급속하게 가열됐을 때 4배에서 20배까지 크기가 팽창된다)가 가장 많이 사용된다.

어떤 바닥재를 선택하든, 알상자 안에 약 5~10cm 두께로 깔아준 다음 손가락으로 바닥재 안에 두서너 개의 구덩이를 만든다. 이때 구덩이는 알이 중간까지 바닥재에 묻힐 정도로 충분히 깊어야 하며, 알을 구덩이에 넣고 알의 절반이 노출되도록 바닥재를 다시 덮어준다. 알은 팽창과 성장에 수분을 필요로 하기 때문에 알상자 바닥재에 적당한 양의 수분을 제공해야 한다. 간단하게 바닥재에 물을 추가하고, 습기가 있지만 축축하지는 않은 느낌이 들 때까지 손으로 섞어주면 된다. 높은 상대습도를 유지하기 위해 작은 물그릇을 넣어줘도 좋다. 알상자 뚜껑에는 통풍을 위해 각 측면의 상부에 드릴로 작은 구멍을 뚫어주도록 한다.

알의 수거와 이동

앞서도 언급했듯이, 산란상자 입구 근처 여기저기에 바닥재가 흩어져 있다면 암컷이 알을 낳았다는 확실한 표시이므로 산란상자를 자주 점검해서 이 부분을 확인하도록 한다. 바닥재가 튀어나온 것이 보인다거나 암컷이 산란과정에 있다고 판단되는 경우, 암컷을 방해하지 않는 것이 중요하다. 일단 암컷이 산란과정을 모두 마치면, 사육장에서 산란상자를 제거하고 조심스럽게 알을 살펴보도록 한다. 알을 재빠르게 수거하는 것이 적절한 인큐베이팅을 진행하는 데 도움이 된다.

암컷이 여전히 산란상자 안에 있는 경우 암컷을 살짝 꺼내 사육장으로 돌려보낸 다음, 물이끼를 부드럽게 옆으로 밀어 조심스럽게 알을 파내도록 한다. 보통 두 개의 알(각 알의 길이는 약 2.5cm 정도 된다)을 확인할 수 있을 것이다. 첫 클러치는 알이 한 개만 있는 경우도 드물지 않지만, 문제가 있는 것은 아니므로 크게 염려하지 않아도 된다. 첫 번째 클러치 또는 알이 하나인 경우 미수정란일 수도 있는데, 알이 수정됐는지 확실하지 않더라도 일단 그 알을 인큐베이팅하는 것이 좋겠다. 미수정란일 경우 일주일 내외에 곰팡이가 발생하기 시작할 것이다.

1. 알자리에 알을 산란한 상태 2. 산란한 알을 인큐베이터로 옮기고, 부패방지를 위해 알의 간격을 띄워 배치한 모습

그러나 수정된 알도 곰팡이가 발생할 수 있으므로, 이 경우 알을 바로 폐기하기보다는 173페이지에 나와 있는 곰팡이 처리지침에 따라 조치를 취하도록 한다. 곰팡이를 처리했음에도 불구하고 곰팡이가 급속도로 재발생하고 알에서 역겨운 냄새가 나는 경우, 그 알은 미수정란일 가능성이 크므로 폐기하는 것이 안전하다.

알을 부드럽게 들어 올려 미리 세팅한 알상자로 옮기는데, 이때 절대 알이 회전되지 않도록 각별히 주의해야 한다. 조류의 알과는 달리 파충류의 알은 원래 낳은 상태 그대로 유지돼야 배아가 제대로 생성되므로 절대로 알을 굴리는 일이 없도록 한다. 대부분의 브리더들은 실수로 알의 위치가 바뀌었을 경우 이를 되돌려놓을 수 있도록 알 자체에 연필로 점을 찍어 표시해둔다. 알을 다룰 때는 파우더가 없는 라텍스 장갑을 착용하는 것이 좋으며, 맨손으로 다룰 경우 사육주의 피부에서 배출된 유분이 알의 숨구멍을 막아 호흡을 방해할 수도 있다. 이 점을 간과하는 사육주가 많은데, 알의 안전을 위해 매우 중요한 사항이므로 잊지 않도록 하자.

알상자의 바닥재 구덩이에 알을 넣고 상자의 뚜껑을 부드럽게 닫아주면, 알은 이제 부화할 준비가 된 것이다. 한 쌍 이상의 레오파드 게코를 번식시키는 경우, 마커를 이용해 알이 나온 날짜와 부모가 어떤 개체인지를 알상자의 상단에 라벨로 표시해두면 좋다. 이렇게 해두면 알이 부화할 시기를 판단하고, 나중에 한배의 형제끼리 쌍을 이루는 것을 방지하는 데 도움이 될 것이다.

인공부화

일단 알을 얻었으면, 알들이 성공적으로 부화할 수 있도록 적절하게 인큐베이팅해야 한다. 일반 가정의 실내온도는 크게 변동될 수 있고 또 종종 너무 낮을 수도 있는데, 인큐베이터는 적절한 수준의 온도를 일정하게 유지할 수 있기 때문에 인큐베이터에서 알을 부화시키는 것이 부화과정을 성공적으로 마칠 수 있는 방법이다. 인큐베이터는 파충류용품 숍에서 판매되고 있는 기성품을 구매해 사용할 수 있고, 수중용 히터를 이용해 만든 자작 인큐베이터를 사용할 수도 있다.

■**시판 인큐베이터 이용하기** : 많은 제조업체에서 다양한 모델을 시판하고 있으므로 이들 중 하나를 구매해 사용하면 된다. 기본모델의 경우 플라스틱 델리컵(소형 일회용 반찬통)을 이용해 수십 알을 보관할 수 있다. 이보다 상위수준의 모델은 큰 창이 나 있는데, 인큐베이터 전체를 열지 않아도 되기 때문에 열수준에 영향을 미치지 않고 알을 확인할 수 있다. 부화시간이 가까워질수록 사육주가 부화과정을 관찰하기 위해 자주 알을 살펴보게 되므로 이 부분은 특히 고려해야 할 사항이다.

열선장치의 상단에는 핫 스폿의 생성 가능성을 줄이기 위해 열을 균등하게 확산시키는 터보팬이 내장돼 있으며, 각 깅치에는 온도소설상지가 연결돼 있다. 온도조절장치는 시간이 흐르면서 고장이 날 수 있으므로 온도계를 이용해 매일 온도를

 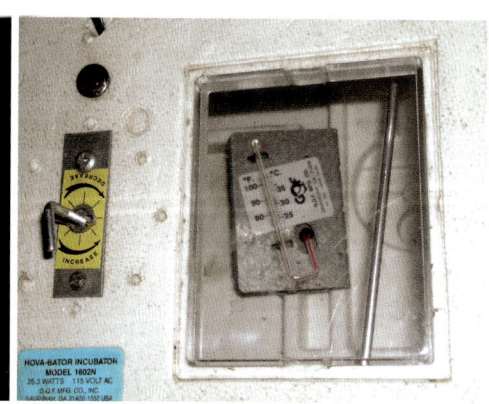

레게 브리더들에게 인기가 많은 저렴한 인큐베이터로 온도를 조절하기 위한 온도조절장치와 온도계를 포함하고 있다. 뚜껑에 난 창을 이용하면 인큐베이터 내부의 온도와 알의 상태를 간편하게 모니터할 수 있다.

확인함으로써 제대로 작동하고 있는지 점검한다. 전문적인 브리더 타입의 인큐베이터도 있으며, 제조사 및 포함된 재료의 수준에 따라 가격차이가 난다. 가격이 높은 제품의 경우 인큐베이터 내부를 데울 수 있을 뿐만 아니라 냉각할 수 있는 기능도 있다. 만약 사육주가 알을 28°C에서 인큐베이팅하고자 하고 기온이 이보다 높은 경우, 이러한 장치는 28°C에서 알을 유지할 수 있게 해준다. 사육주가 특정 성별을 기대하는 경우 이 온도조절은 매우 중요하며, 온도를 결정하는 데 있어서 정확도가 무엇보다 중요하므로 디지털온도계를 구비해 사용하는 것이 좋다.

■ **인큐베이터 직접 제작하기** : 적은 비용으로 인큐베이터를 직접 제작해 사용할 수도 있다. 인큐베이터를 직접 만들기 위해서는 수중용 히터(작은 인큐베이터용으로는 75~100W가 적합하다), 아이스박스 또는 낡은 수조(오랫동안 브리더들은 파충류 알을 부화시키는 데 낡은 수조를 사용해왔다)가 필요하다. 우선 수중용 히터를 수조(최소한 2자짜리 수조 권장) 또는 아이스박스 바닥에 배치한다. 받침대용 벽돌 4개를 네 면에 세우고 철망을 덮은 다음 그 위에 알상자를 올려놓는다. 그런 다음 히터 위로 1.3~5cm 높이까지 물을 추가하는데, 이때 벽돌은 물속에 완전히 잠기지 않도록 해야 한다.

낡은 수조를 이용해 자작하는 경우 완성된 인큐베이터의 상단 부분을 꽉 끼는 발포폴리스티렌(polystyrene foam; 폴리스티렌의 발포체를 말하며 단열재, 흡음재, 쿠션재 등으로 이용된다) 덮개로 덮어주고, 비닐랩으로 수조 전체를 감싸면 세팅이 완료된다. 아이스박스로 자작하는 경우는 이 과정이 필요하지 않다. 뚜껑에 구멍을 내고 플렉시글라스(Plexiglas; 창문, 가구 등에 쓰이는 유리의 상표명) 또는 창문에 사용되는 유리 조각을 붙여주면 인큐베이터를 열지 않고도 내부의 알을 쉽게 확인할 수 있을 것이다.

수중용 히터를 이용한 인큐베이터의 원리는 간단하다. 히터는 물을 따뜻하게 데우고, 따뜻해진 물이 인큐베이터 내부 공기의 온도를 필요한 수준으로 올려주는 것이다. 따라서 히터를 적절하게 조정하는 것이 중요한데, 빈 용기를 인큐베이터 내부에 배치하고 미리 설정해서 점검해보는 것이 좋다(알이 과열되면 위험하므로 빈 용기로 먼저 시험해보는 과정을 거치는 것이 좋다). 자작 인큐베이터의 에너지 효율을 좀 더 높이기 위해 양쪽과 위쪽에 약간의 절연재를 추가할 수도 있다.

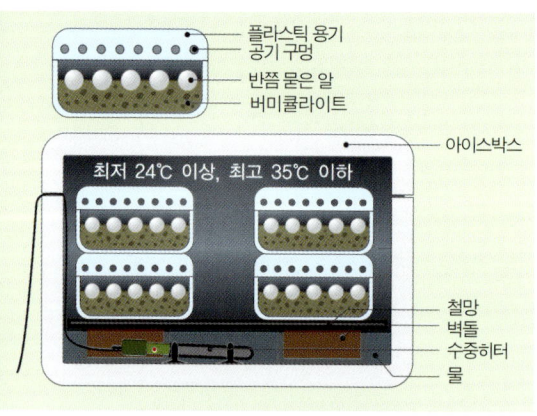

수중용 히터와 아이스박스를 이용해 만든 자작 인큐베이터

일반 가정에서 사용하는 냉장고로도 수조 또는 아이스박스를 이용한 인큐베이터와 같은 개념으로 사용할 수 있다. 인큐베이터 내부에 물을 채우는 대신 물이 가득 담긴 큰 그릇(항아리 등)을 냉장고 안에 배치하고, 이 그릇 안에 수조용 히터를 넣으면 된다. 이 방법은 앞서 설명한 원리와 동일한 방식으로 작용하며, 수조보다 온도를 유지하는 데 더 효과적이다.

사실 모든 자작 인큐베이터의 시초는 냉장고(낡은)라고 할 수 있으며, 많은 수의 알을 부화시켜야 할 예정이라면 낡아서 사용하지 않는 냉장고는 훌륭한 선택이 된다. 냉장고는 알상자를 놓을 선반도 있고, 절연처리가 잘 돼 있으며, 밀봉되는 문이 있기 때문에 온도조절장치와 열원만 추가하면 간편하고 효율적으로 사용할 수 있다. 가온을 위한 전구 또는 열선에 전력을 보내기 위한 온도조절장치를 세팅하고, 내부센서와 함께 외부에 디지털온도계를 설치하면 마무리가 된다.

동파방지열선과 온도조절장치를 설치해 인큐베이터 내부의 온도를 조절하고, 알 상자에 깔아준 부화바닥재(펄라이트, 버미큘라이트)의 습도를 이용해 부화시키는 건식 방법도 있다. 이러한 건식방법은 인큐베이터 내부의 습도가 과도해지는 것을 방지하고 또 관리가 용이해 최근 많은 브리더들이 취하는 방식이다.

■ **인큐베이터 온도 맞추기** : 시판되는 기성품 인큐베이터를 사용하든 자작 인큐베이터를 사용하든, 성공적인 부화를 위해서는 사육주가 원하는 온도로 온도조절장치의 눈금을 맞춰주는 것이 매우 중요하다. 눈금을 적절하게 맞추기 위해 인큐베이터 내부에 열 센서가 있는 전자디지털온도계를 설치하는 것이 도움이 된다. 이러한 온도계의 가격대는 그 기능에 따라 달라지며, 가격이 비싼 것은 매일 최소온도 및 최대온도를 판독할 수 있는 기능이 제공된다. 어떤 것은 심지어 사육주가 설정

해놓은 온도보다 높거나 낮아질 때 경고음을 내는 경보시스템이 있는 것도 있다. 우선 인큐베이터 바깥쪽의 눈에 잘 띄는 위치에 디지털온도계를 부착한 다음, 인큐베이터 내부에 센서를 설치하고 스위치를 'out'으로 맞춰놓는다. 이렇게 하면 온도의 연속적인 판독이 가능할 것이다. 일반온도계의 경우 정확한 판독을 위해서는 인큐베이터 용기를 여는 것이 필요하다(가끔 온도를 확인하기 위해 저렴한 일반온도계를 여분으로 설치해 사용해도 좋다). 자신이 사용하는 온도계가 어떤 것이든 인큐베이터의 온도조절장치를 제어하기 위해 기준눈금을 약간 조절할 필요가 있다.

일단 설정이 되면 다음 단계의 조정을 진행하기 전에 잠시 인큐베이터를 작동시키고, 안전을 위해 새로운 온도조절장치에 온도가 정착될 때까지 시간적 여유를 두도록 한다. 인큐베이터의 눈금을 조정하는 데 시간이 많이 소요될 수 있으므로 레게가 알을 낳기 전에 이러한 작업을 미리 완료해야 한다. 원하는 온도로 세팅이 완료되면 실내온도가 안정돼 있는 장소에 인큐베이터를 유지하도록 한다.

요즘 일반 쇼핑몰에서 쉽게 구매할 수 있는, 껐다 켰다 하는 식의 온도조절장치는 가장 저렴하고 널리 사용되는 제품이다. 이러한 온도조절장치는 만약 기록된 온도가 설정온도 이상 또는 이하가 되면 가열장치가 꺼지게 된다. 파충류용품 쇼핑몰에서 좀 더 가격이 비싼 고급형 진동비례 온도조절장치를 판매하고 있으므로 그것

을 구매해도 좋다. 이러한 제품은 사육주가 매우 정확하고 간편하게 설정하는 것이 가능하고, 원하는 인큐베이터 온도를 지속적으로 유지할 수 있게 해준다. 온도가 꾸준히 찍혀 연속적인 판독이 가능하고, 가열장치는 원하는 열수준을 생성하기 위해 장치의 전류를 조절하는 전자가감저항기(저항값을 일정한 범위 안에서 변화하게 하는 저항기)에 의해 제어된다.

알의 관리

알을 부화시키기 위해서는 몇 가지 구체적인 관리가 필요하며, 알을 관리하는 데 있어서 가장 중요한 것은 알을 둘러싸고 있는 공기의 습도가 적절하게 유지돼야 한다는 점이다. 야생에서 레오파드 게코는 깊은 땅속에 알을 낳는데, 땅 위 표면의 공기는 건조할 수 있더라도 땅속 깊은 토양에는 습기가 차 있는 환경이다. 따라서 사육 하에서도 자연상태의 환경과 맞게 습도를 적절하게 조절해줘야 한다.

공기가 너무 건조하면 수분이 알 속으로 흡수되지 않고 알을 미끄러져 지나치게 되는데, 그 결과 알은 쪼글쪼글해지고 알 속에서 성장하고 있는 새끼는 폐사하게 되므로 여기저기 들쭉날쭉한 자국이 발견되면 즉시 습도를 증가시켜야 한다. 습도 수준을 신속하게 조절하는 경우 이러한 자국이 있더라도 새끼가 부화하는 데 영향을 미치지는 않을 것이다. 대부분의 레오파드 게코의 알은 50~55일 사이에 부화하게 되지만, 온도조건이 적절하지 않을 경우 이 기간은 더 길어질 수 있다.

■**적절한 습도 유지** : 인큐베이터 바닥재의 수분함량은 부화과정에 있어서 매우 중요한 요소다. 부화에 성공하기 위해서는 알이 주로 대기의 높은 상대습도로부터 수분을 흡수해야 한다. 높은 상대습도는 알의 무게가 증가하는 요인이 되는데, 인큐베이터 바닥재가 너무 습하면 알 속의 내부수압이 너무 높아져 곰팡이가 발생하게 될 것이다. 이 경우 알껍데기는 늘어지고 반투명한 모습을 띤다.

이상적인 수분수준은 종에 따라 매우 다양하고, 자연서식지의 조건에 의해 결정된다. 수분이 너무 적으면 배아가 건조해져 죽을 수 있고, 반면에 너무 많으면 곰팡이가 발생하고 감염으로 이어져 새끼는 알 속에서 죽게 된다. 어느 쪽이든 심지어 약

버미큘라이트를 깔아준 인큐베이터에서 레게 알을 인큐베이팅하고 있는 모습

간의 변화만 있어도 발달과정에 영향을 미칠 수 있고, 병약하거나 또는 기형의 새끼가 태어날 수도 있다. 때때로 발달과정의 마지막 단계에 이른 알에 원인을 알 수 없는 곰팡이가 발생되는 경우가 있는데, 만약 알에 성장하고 있는 곰팡이의 양이 적을 때 발견한다면 생존할 가능성이 있다. 우선 알에 발생한 곰팡이를 조심스럽게 닦아내고, 무좀약가루를 뿌려주도록 한다. 무좀약가루는 곰팡이방지제를 포함하고 있으며, 소량을 사용했을 때는 레게 새끼에 직접적인 해를 끼치지 않고 효과적으로 작용한다. 면봉에 소량의 가루를 묻혀 알 위를 부드럽게 두드려 주도록 하고, 부화기간의 남은 시간 동안 조심스럽게 알을 모니터하도록 한다.

레오파드 게코의 경우 알의 회복력이 상당히 강하고, 사육주가 약간의 실수를 저지르더라도 크게 영향을 미치지는 않는다. 그렇기는 하지만, 인큐베이팅하는 과정에 있어서 이 단계의 알을 관리할 때는 더욱 세심하게 신경을 쓰는 것이 좋겠다. 다시 한번 강조하지만, 적절한 습도가 유지되는 환경에서 알을 관리하는 것은 전반적인 부화의 성공률을 증가시키게 되고, 건강하고 활발한 레게 새끼가 태어나는 데 도움이 된다는 것을 명심하도록 하자.

해츨링 개체는 레오파드 게코 특유의 뚜렷하게 대비되는 밴드를 보여준다

레오파드 게코 전문브리더들이 많은 시행착오를 거치며 연구한 결과에 따르면, 알의 발달을 위한 최적의 수분수준을 제공하는 방법은 밀폐용기에 바닥재(거친 등급의 버미큘라이트가 이상적이다)와 물을 1:1 또는 1.5:1의 비율로 혼합해 깔아주는 것이다. 물 1ml의 무게는 1g이므로 1:1의 혼합물을 사용하고자 하는 경우, 바닥재의 무게를 잰 후 물의 양을 바닥재와 동일한 수치로 추가하면 된다. 이렇게 물과 바닥재를 혼합한 후 알상자에 알을 넣고, 상자의 무게(알, 뚜껑, 바닥재 포함)를 재서 그 수치를 기록한다. 이후에는 매주 상자의 무게를 재도록 하고, 수분증발로 인해 무게가 감소했을 때는 1:1의 비율로 맞춰 손실된 물의 양을 다시 추가해주면 된다. 예를 들어, 상자의 무게가 이전 주에 비해 1g 감소했다면 물 1ml를 추가하면 된다.

인큐베이팅을 진행하는 과정 중에는 알상자의 뚜껑을 닫아놓아야 하며, 격일에 한 번 정도 뚜껑을 열어 환기를 시켜주는 것이 좋다. 발달 중인 새끼는 이 단계에서 더 많은 산소를 필요로 하지만, 이렇게 이틀에 한 번씩 잠깐 동안 뚜껑을 열어주는 것으로도 새끼들의 요구는 쉽게 충족될 것이다.

■**적절한 온도 유지** : 성공적인 부화를 위해서는 알을 따뜻하게 유지하는 것도 중요하다. 알상자를 요구되는 수준의 온도(약 27℃)로 올려주기 위해서는 적정한 인큐베이터를 이용하는 것이 가장 좋은 방법이지만, 만약 집 안에 지속적으로 약 27℃가 유지되는 따뜻한 공간이 있는 경우라면 그곳에 알상자를 비치하는 것도 알을 충분히 따뜻하게 유지할 수 있는 방법이 된다. 파충류를 위한 방이 따로 있고 그곳이 항상 따뜻하게 유지되는 경우는 높은 선반 등에 알상자를 배치할 수도 있다.

브라이언 비에츠(Brian Viets) 박사와 몇몇 브리더들의 연구에 따르면, 레오파드 게코의 성별은 인큐베이팅 첫 2주 내에 온도에 의해 결정된다는 것이 확인됐다. 즉 유전적인 요인보다는 부화온도가 발달하는 배아의 성별을 결정하게 되는 것이다. 좀 더 따뜻한 온도에서 부화된 알은 수컷이 태어날 확률이 높으며, 온도가 일정 수준에 도달할 때 수컷의 수는 증가한다. 알들이 26℃ 이하의 온도에서 인큐베이팅 되면 새끼의 대부분은 암컷이 되며, 28.8~30.5℃의 온도에서는 암컷과 수컷의 비율이 거의 비슷하게 나타나는 것이 원칙이다. 또한, 거의 모두 수컷을 생산하기 위해서는 첫 3~4주 동안은 알을 31.6~32.2℃에서 유지하고, 그런 다음 26.6~29.5℃의 시원한 온도에서 유지하면 된다(온도가 감소할수록 암컷의 숫자는 증가한다).

대규모 번식을 목표로 하는 사육주의 경우 그룹으로 함께 관리할 수 있는 암컷을 생산하는 것이 더 유리하다고 볼 수 있는데, 특정 온도가 암컷 또는 수컷을 생산하지만 그룹 내에 계획되지 않은 성별의 개체가 일부 태어날 수 있다는 것을 염두에 두도록 한다. 원하는 성별을 얻기 위한 번식프로그램에 있어서는 정확한 온도를 유지하는 것이 중요하며, 이때 24℃ 이하 및 35℃ 이상의 온도는 발달 중인 레게에 치명적일 수 있으므로 주의를 요한다. 부화온도에 따라 알은 6~15주 사이에 부화할 것이다. 레게의 알은 보통 50~55일에 부화하는데, 온도가 높아질수록 부화일자도 더 빨라지고 온도가 적절하지 못한 경우 부화일자는 더욱 늦어지게 된다.

연구결과에 따르면, 부화온도가 레오파드 게코의 성별을 결정한다는 것 외에도 피부색소 형성에 영향을 미치는 것으로 나타났으며, 낮은 부화온도에서는 어두운 레게가 생산되는 경향이 있다. 이처럼 부화온도가 레게의 성별과 피부색소 형성에 영향을 미치는 결과가 나타남에 따라 레게 브리더들은 이제 자신들의 필요에 맞쥐 편의를 도모하기 위해 부화온도를 조절하는 방법을 취하고 있다. 원하는 성별을 생산하기 위해 부화기간의 첫 번째 단계에서 요구되는 온도조건으로 조절하고, 그런 다음 레게의 피부착색에 자신이 원하는 영향을 미치는 온도로 재설정해준다. 이렇게 해서 성별과 착색 모두에 있어서 계획된 결과를 얻어내는 것이다.

■**해충 방지** : 인큐베이터 내부로 썩은 고기를 먹는 쇠파리(blow fly or carrion fly, 초파리·과일파리와 유사하지만 초파리보다 더 호리호리하고 빠르다)가 날아들 수 있으므로 주의하도록 한다. 인큐베이팅 과정 중에 죽은 알들이 이 쇠파리를 끌어들이게 되며, 멀쩡한 알들을 공격할 수도 있기 때문에 알 관리에 세심한 주의를 기울여야 한다. 쇠파리는 레오파드 게코의 알에 자신의 알을 낳는데, 유충이 부화되면 기공을 통해 레게의 알 속으로 침입해 배아를 죽이는 심각한 해충이다. 귀뚜라미를 보관한 통에 자주 발생하는 것을 볼 수 있으며, 죽은 귀뚜라미에도 자신의 알을 낳는다. 일단 이 해충이 정착하게 되면 제거하기가 상당히 어려울 수 있는데, 일부 브리더의 경우 파리잡이끈끈이에 고기 또는 고깃국물을 약간 추가해 설치해놓기도 한다.

해충이 발생하는 것을 방지하기 위해서는 인큐베이터를 깨끗하게 관리해야 한다. 죽은 알이나 곰팡이 같은 이물질은 즉시 제거하고, 새끼가 난황을 달고 알 밖으로 나온 경우 감염의 위험이 따를 수도 있으므로 채집통이나 깨끗이 소독된 용기에 젖은 키친타월을 깔고 새끼를 옮겨 난황이 안전하게 흡수될 수 있도록 조치를 취해줘야 한다. 귀뚜라미 보관통을 깨끗하게 관리하는 것도 해충을 방지하는 데 도움이 되며, 보관통을 열 때는 통 안에 발생한 해충들이 집 안으로 날아들지 못하도록 실외에서 처리하는 것이 좋다. 파충류용품 쇼핑몰에서 귀뚜라미를 구매하는 경우 함께 배송되는 바닥재용 계란판지에 쇠파리의 알이 딸려올 수 있으므로 이를 제거하고, 깨끗한 새 계란판지 또는 다른 판지를 넣어 보관하도록 한다.

부화

알이 부화될 준비가 되면 껍데기에 움푹 패인 작은 자국이 생기는 것을 볼 수 있는데, 이러한 자국이 나타나고 잠시 뒤면 알은 쪼그라들고 함몰될 것이다. 이때 알은

레게 새끼가 부화하고 있는 모습

외형상 마치 상한 것처럼 보일 수 있지만, 본격적으로 부화과정이 시작되는 것이며 곧 껍데기에서 짧은 금이 생기는 것을 볼 수 있게 된다. 알 속의 새끼는 입 앞쪽에 있는 작은 난치(卵齒, egg tooth; 조류·파충류의 새끼가 알을 깨고 나올 때 사용하는 부리의 끝. 부화가 끝나면 서서히 퇴화되거나 탈락된다)를 이용해 금을 만드는데, 이 과정에서 새끼 레게는 자신의 머리를 좌우로 빠르게 흔들고 껍데기에는 길게 금이 생기게 된다. 이어서 알 밖으로 코가 나오게 되고, 새끼 레게는 짧은 시간 동안 휴식을 취한다. 휴식하는 동안 새끼 레게는 난황의 마지막 부분을 흡수하고 알에서 나오게 된다.

새끼 레게가 난황을 모두 흡수한 뒤 알을 깨고 무사하게 나왔다면, 알상자에서 새끼들을 안전하게 꺼낼 수 있다. 일부 브리더들은 첫 번째 탈피를 완성할 때까지 알상자에 새끼들을 그대로 놔두기도 하는데, 이때 탈피가 쉽게 이뤄지도록 도움을 주기 위해서는 알상자의 습도를 높게 유지하는 것이 좋다. 첫 번째 탈피는 새끼가 알에서 부화돼 나온 후 첫 주 내에 진행되며, 새끼 레게는 탈피가 끝나면 탈피껍질을 먹는다. 이는 아마도 탈피껍질이 자신의 몸으로부터 약간의 영양적 가치를 끌어당긴다고 여기는 데서 나타나는 행동인 것 같다.

부화된 알비노 레오파드 게코 해츨링

위의 사진 속 이미지처럼 알상자 하나에 두 개의 알(한 클러치의 알)을 넣어 관리할 때, 두 마리의 새끼가 동시에 부화되는 경우 알에서 벗어나기 위해 힘을 쓰는 과정에서 다른 새끼에게 악영향을 미치게 될 수 있다. 또한, 한 마리는 알 속에 그대로 있고 다른 한 마리는 알 밖으로 나와 돌아다니는 경우노 볼 수 있는데, 이 경우 먼저 알 밖으로 나온 새끼의 움직임은 알 속에 남아 있는 새끼에게 스트레스를 줄 수 있으므로 알 사이에 적절한 간격을 두는 것이 바람직하다. 알 밖으로 먼저 나온 새끼를 조심스럽게 꺼내 다른 용기에 옮기도록 하고, 알 속에 남아 있는 새끼는 가능한 한 방해를 받지 않고 부화를 마칠 수 있도록 조용한 공간으로 옮겨준다.

부화하는 동안 알을 방해하는 행위는 새끼 레게에게 스트레스를 줄 수 있으며, 스트레스를 주는 상대를 포식자로 인식하게 함으로써 탈출을 시도하는 원인이 될 수 있다는 것을 명심하도록 한다. 한편, 새끼가 예정된 부화일자보다 일찍 부화한 경우, 귀중한 영양소의 손실에도 불구하고 여전히 생존 가능성은 있으므로 새끼가 진정될 수 있도록 조용히 혼자 남겨두는 것이 좋다.

부화 이후 유체의 관리

알이 완전히 부화된 후 새끼가 움직이는 모습을 보이면, 새끼를 위해 준비한 사육장으로 옮겨주도록 한다. 새끼를 기르기 위한 사육장으로는 플라스틱 수납상자, 작은 수조 또는 시판되는 소동물용 케이지를 이용할 수 있다. 새끼를 관리하는 데 필요한 용품으로 사육장 외에 바닥재로 쓸 종이타월, 얕은 물그릇과 먹이그릇 및 칼슘그릇, 은신처 두 개를 미리 준비해 두도록 한다.

■ **적절한 사육공간 제공하기** : 두 쌍 이상의 번식쌍을 유지하고 있는 경우 새끼를 과밀하게 관리해서는 안 된다. 사육장 한 개당 한 클러치의 해츨링 두 마리만 관리하는 것이 좋으며, 이상적인 방법은 작은 은신처와 얕은 먹이그릇 및 물그릇 등을 넣은 플라스틱 케이지에 각각 한 마리씩 관리하는 것이다. 만약 그룹으로 관리하고 있다면 지나친 먹이경쟁을 방지하기 위해 해츨링을 크기에 따라 분리해야 한다. 더 크고 지배적인 성향의 새끼는 더 적극적으로 먹이를 쫓고, 상대적으로 작은 새끼를 위협하게 되므로 꼭 분리하도록 한다. 새끼들을 분리하지 않고 관리하는 경우, 다른 개체들에 비해 성장이 빠른 개체는 더 많은 영양을 필요로 하므로 좀 더 효율적으로 먹이경쟁을 할 것이고, 작은 개체는 먹이경쟁에서 밀림으로써 여전히 작게 남아 있을 가능성이 높고 결국 도태될 것이다. 새끼들을 충분히 큰 케이지에 시 관리하고 많은 먹이를 제공하며, 크기에 따라 분리하는 것은 이러한 문제를 방지하는데 도움이 된다. 새끼의 성장에 맞춰 더 큰 사육장으로 옮겨줄 수 있다.

새끼가 성숙해짐에 따라 각 개체의 성별을 잘 살펴봐야 하며, 성별이 확인되면 모든 수컷은 각각 한 마리씩 분리해서 관리하도록 해야 한다. 새끼들에게 충분한 공간과 은신공간을 제공해준다면 암컷은 그룹으로 관리할 수 있다.

해츨링을 개체별로 관리하기 위해 세팅된 사육장

레오파드 게코 블리자드 해츨링

■ **적당한 온도 유지하기**: 사육장으로 무엇을 선택하든 사육장 내의 온도를 약 30℃로 유지해야 하며, 히팅 매트를 이용해 각 상자를 개별적으로 가온할 수 있다. 사육장 꼭대기에 일광욕등을 달아줘도 되지만, 일광욕등이 유일한 열원인 경우 새끼에게 어두운 밤 시간을 제공하지 못하게 됨으로써 스트레스를 유발할 수 있다. 성체와는 달리 갓 부화한 해츨링은 야간에 온도가 감소하는 환경을 제공해서는 안 되므로 온도계를 사용해 온도를 점검하고 적절하게 조절해 주도록 한다.

해츨링 사육장이 위치한 방이 적절한 온도로 유지되는 경우 열원이 없어도 되지만, 대부분의 가정에 있어서 실내온도는 원하는 온도로 항상 유지되는 것이 아니므로 해츨링을 위한 별도의 열원이 필요하다. 한 연구에서 체온조절을 위한 열원이 제공된 해츨링의 경우 25.5℃로 일정하게 유지된 그룹과 마찬가지로 빠르게 1.5배로 성장했다(Autum and De Nardo, 1995)는 결과를 보면, 새끼의 성장에 있어서 열이 얼마나 중요한지 알 수 있다.

■ **먹이 제공하기**: 새끼 레게에게는 밀웜과 귀뚜라미가 매우 좋은 먹이가 된다. 해츨링과 주버나일 개체는 1~2일마다 비타민/미네랄보충제를 입힌 귀뚜라미(3주령)를 공급해야 하며, 분말칼슘과 함께 반 정도 자란 밀웜 또한 먹이그릇에 담아 제공할 수 있다. 물은 항상 먹을 수 있도록 얕은 물그릇에 담아 매일 제공해야 한다.

어린 해츨링에게 먹이곤충을 급여할 때는 항상 작은 개체를 선택하도록 해야 한다 (110페이지 성장단계별 먹이급여 참고). 비록 새끼가 더 큰 개체를 먹는 것이 가능한 경우라 할지라도, 큰 먹이곤충을 섭취하면 소화관 협착과 사망으로 이어질 수도 있으므로 주의하도록 한다. 사육장에 새끼가 먹고 남은 귀뚜라미가 있는 경우 새끼를 공격해 상처를 입힐 수 있으므로 즉시 제거해줘야 하며, 새끼가 귀뚜라미를 쉽게 잡을 수 있도록 귀뚜라미의 뒷다리를 제거해줄 필요가 있다. 또 귀뚜라미는 한 번에 너무 많은 양을 제공하지 않도록 주의한다.

■ **스트레스 제거하기** : 갓 부화한 레게 해츨링은 쉽게 스트레스를 받으며, 스트레스는 성장하는 새끼에게 엄청난 영향을 미치게 된다. 스트레스는 성장을 지연시키고 공격성 발현의 원인이 될 수 있으므로 새끼가 스트레스를 받지 않고 편안하게 지낼 수 있는 환경을 만들어주는 것이 중요하다. 무언가에 놀랐을 때 새끼들은 발끝을 세우고 등을 활 모양으로 휘게 하는데, 정말로 무서움을 느끼는 경우 히싱(hissing, 쉿쉿 하는 소리를 내는 것)을 하는 모습을 보일 수도 있다.

레오파드 게코가 번식을 기피하는 경우

레오파드 게코를 사육하면서 번식하는 데 실패한 내용에 관한 질문을 많이 접하게 된다. 레게가 번식하지 않으려는 데는 여러 가지 이유가 있는데, 일반적으로 사육환경, 건강상태, 암수의 불화합과 관련이 있다. 다음은 레게가 번식하려 하지 않는 몇 가지 이유에 대한 간략한 내용이다.

- **암수 쌍을 가지고 있지 않은 경우** - '수컷인 줄 알았는데 나중에 알고 보니 암컷이었다'는 경험은 레게를 처음 기르는 사육주들 사이에서는 흔한 일이다. 따라서 첫 번째 단계는 합사한 개체가 암수 한 쌍이 맞는지 확인하는 것이다. 암수를 확인하기 위해서는 서혜인공과 반음경을 살펴보도록 한다. 성별을 확신할 수 없는 경우 이를 확인해줄 수 있는 지인이나 수의사를 방문하도록 한다.
- **레게가 부적당한 온도에서 관리되고 있는 경우** - 쿨링은 레게가 성공적으로 번식하는 데 반드시 필요한 것은 아니지만, 충분한 열을 제공하는 것은 꼭 필요하다.
- **레게가 아픈 경우** - 각종 질병은 레게를 쇠약하게 만들며, 이는 알 생성을 위해 필요한 충분한 지방 및 칼슘의 저장을 막을 수 있다. 허약하고 마른 암컷의 경우 산란에 문제가 발생할 수 있고, 기생충감염이 심할 경우 알이 수정되는 데 실패할 수 있다.
- **레게의 나이가 적절하지 않은 경우** - 레게가 너무 작고 성적으로 미성숙하거나 또는 너무 나이가 많고 암컷이 다음번식단계(post-reproductive)인 경우 기피할 수 있다.

스트레스를 줄이기 위해서는 태어난 새끼들을 과밀하게 관리하는 것을 피해야 하는데, 플라스틱 케이지 하나에 최대 두 마리씩 관리하는 것이 가장 좋은 방법이다. ⓒbokusenshi

일반적으로 새끼들은 사육주가 물을 분무해주면 끼익 하는 날카로운 소리를 낸다. 스트레스를 줄이기 위해서는 어린 새끼들을 과밀하지 않게 관리해야 하며, 플라스틱 케이지에 최대 두 마리의 새끼를 유지하는 것이 가장 좋다. 번식쌍을 두 쌍 이상 유지하고 있는 경우 태어난 새끼들을 관리하기 위해서는 케이지를 여러 개 준비해야 하며, 각각의 케이지에 바닥재로 사용할 종이타월, 얕은 물그릇과 먹이그릇, 은신처 두 개를 비치해야 한다.

■첫 번째 탈피의 시작 : 첫 번째 탈피는 부화 후 첫 주 내에 이뤄진다. 새끼들은 첫 번째 탈피가 완료되기 전까지 먹이를 먹지 않으며, 부화하고 첫 주 동안은 흡수된 난황으로부터 필요한 영양을 공급받는다. 상대습도를 증가시키고 일주일에 2~3회 은신처 내부를 가볍게 분무해주면 탈피를 촉진하는 데 도움이 된다.

04 section

부화온도와 성별 결정

부화온도에 따라 성별이 결정되는 특성 때문에 레오파드 게코 브리더들은 새끼를 부화시킬 때 부화온도를 조절함으로써 특성 성별을 가진 새끼를 생산하고 있다. 레오파드 게코의 성별은 생후 수개월이 될 때까지 쉽게 확인할 수 없는데, 이처럼 사육주가 부화온도를 임의로 조절해줌으로써 어느 정도 정확성을 보장하는 성별화된 개체를 생산하는 것이다.

부화온도에 따른 성별 결정

대부분의 척추동물에서 성별은 일반적으로 수정단계에서 염색체에 의해 결정되며, 성별 결정의 이러한 방식을 유전자형 성결정(genotypic sex determination, GSD)이라고 일컫는다. 그러나 레오파드 게코와 아프리칸 팻테일 게코에 있어서는 알의 부화온도가 해츨링의 성별을 결정하게 된다. 성별 결정의 이러한 유형은 충분히 근거 있는 현상으로서 온도의존성 성결정(temperature-dependent sex determination, TSD 또는 TDSD)이라고 하며, 모든 악어류와 대부분의 거북 및 일부 도마뱀에서 발생한다.

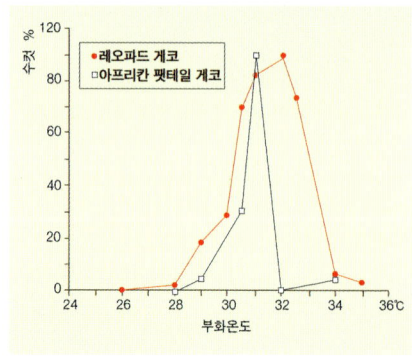

그림 1. 부화온도와 성별의 상관관계

TSD 유형인 레오파드 게코와 아프리칸 팻테일 게코는 가까운 친척이지만, 이처럼 친척관계인 게코들이 모두 같은 성결정 방식을 가지고 있는 것은 아니며, 역시 가까운 친척인 유블패리드 게코(Uublepharid gecko)와 텍사스 밴디드 게코(Texas banded gecko, *Coleonyx brevis*) 두 종 그리고 밴디드 게코는 유전자형 성결정 방식을 갖는다.

TSD 유형의 경우 암컷은 시원한 온도에서 주로 생산되고, 수컷은 중간 온도에서 주로 생산되며, 따뜻한 온도에서는 다시 암컷이 주로 생산된다(그림 1 참조). 레오파드 게코와 아프리칸 팻테일 게코의 경우 일부 암컷은 모든 온도에서 생산될 수 있다. 수컷이 100% 생산되는 설정온도는 없으며, 이는 TSD종에 있어서 일반적으로 나타난다. TSD는 때때로 FMF(females at cool temperatures, males at intermediate tempera tures, and females at warm temperatures)라고 일컫기도 한다.

필자는 동료들과 함께, 인큐베이터의 온도가 원하는 온도에서 0.2℃ 이내로 변화하게끔 하고 일정한 부화온도를 유지하는 연구를 수행한 바 있다. 이러한 방식의 인큐베이팅은 애호가들 사이에서 드물게 실행되는데, 이 경우 부화온도의 변화효과를 깨닫는 것이 중요하다. 부화온도의 변동은 실질적으로 성비율에 영향을 미칠 수 있는데, 변화의 정도가 크면 성비율에 미치는 잠재적인 영향도 그만큼 커지게 된다. 사실 평균 부화온도가 동일하게 유지되면, 평균으로부터의 편차정도에 따라 100%의 수컷 또는 100%의 암컷을 생산하는 것이 가능할 수 있게 된다.

TSD 형식을 갖는 종에 있어서 수컷과 암컷의 수가 동일하게 생산되는 온도는 두 가지 조건으로 설정되며, 이 설정온도를 중심축온도(pivotal temperatures)라고 한다. 그러나 각각의 어미는 매우 다른 중심축온도를 가지고 있을 수 있다. 예를 들어, 레오파드 게코에 있어서 30.5℃에서 일반적으로 암수의 수가 동일하게 생산된다. 그러나 일부 어미에서는 30.5℃에 100% 암컷 새끼를 생산하고, 다른 어미에서는 100% 수컷이 생산된다(레게는 두 개의 알로 고정된 클러치를 생산하므로 1년에 주어진 어미에 의해 생산된 모든 새끼들을 기록해야 한다. 각각의 클러치는 암컷 두 마리와 수컷 두 마리 또는 암수 각각 한 마리씩 생산할 수 있다). 그림 1에서 보여주는 숫자는 5000개 이상의 알을 인큐베이팅한 결과이며, 따라서 성결정 곡선은 개체군반응을 나타낸다. 각 어미의 특정 패턴은 다를 수 있다.

부화기간과 가능한 부화온도

부화온도는 모든 도마뱀에 있어서 부화기간에 큰 영향을 미친다. 레오파드 게코와 아프리칸 팻테일 게코 모두에 있어서 부화온도와 부화하는 데 걸리는 평균일자는 반비례의 상관관계를 보여주는데, 이는 높은 온도에서 인큐베이팅했을 때 부화기간이 짧아진다는 것을 의미한다. 레게에 있어서 부화기간은 32.5℃에서 36일, 24℃에서 107일의 범위를 이룬다(부화온도가 일정하지 않을 때는 부화기간이 더 길어질 것으로 예상된다). 34~35℃에서는 발달속도가 느려지기 때문에 부화기간은 실제적으로 더 길어진다. 레게에 있어서 부화온도가 24℃ 이하의 저온 및 35℃ 이상의 고온으로 일정하게 유지되는 경우 치명적인 결과를 초래할 수 있다.

높은 부화온도와 암컷의 행동

1988년에 레오파드 게코 전문브리더인 구츠케(Gutzke)와 그의 동료들은 부화온도가 성별뿐만 아니라 내분비계 생리 및 성체 암컷의 번식행동에도 영향을 미친다고 보고한 바 있다. 구츠케는 실험을 통해 26℃(암컷만 생산되는 온도)와 29℃(주로 암컷이 생산되는 온도)에서 부화된 성체 암컷은 32℃(주로 수컷이 생산되는 온도)에서 부화한 암컷과 호르몬 및 행동에 있어서 차이가 나타난다는 것을 발견했다. 이들의 연구결과에 따르면, 높은 온도에서 부화된 암컷은 상대적으로 공격적인 행동을 나타낼 가능성이 더 높았으며, 이 개체들 중 연구기간 동안 알을 낳은 개체는 없었다.

이후 두 건의 후속연구(Viets et al., 1993, and Tousignant et al., 1995)가 이뤄졌는데, 구츠케의 연구결과를 뒷받침하지는 못했다. 암컷과 서로 다른 부화온도의 사이에서 호르몬의 차이를 발견하지 못했고, 구츠케의 연구결과와는 달리 이들 연구에서는 높은 온도에서 부화한 모든 암컷이 생존 가능한 새끼를 생산했다.

그러나 여기에서 주목해야 할 것은, 인큐베이팅 시 부화온도는 향후 번식을 시작하는 데 지대한 영향을 미치게 되며, 낮은 부화온도에서 부화한 암컷은 높은 부화온도에서 부화한 암컷의 경우보다 이른 나이에 성성숙에 도달한다는 점이다. 구츠케의 연구에 있어서 높은 온도에서 부화한 암컷은 당시 성적으로 성숙하지 않았던 상태이며, 따라서 조기에 기능적 불임이라는 진단이 내려졌던 것이다.

색소침착에 미치는 부화온도 및 유전력의 영향

레오파드 게코의 TSD 연구에서 등에 나타나는 검은 색상은 28°C와 34°C에서 부화된 형제들 사이에 크게 변화했는데, 거북과 악어에서 비슷한 변화가 보고된 바 있다. 이러한 연구결과들을 볼 때 부화온도는 검정색소의 양을 결정하는 요인인 것으로 보인다. 그러나 부화온도가 유일한 요인은 아니며, 같은 온도에서 부화한 형제들도 종종 검정색소의 양에 있어서 눈에 띄는 차이가 나타났다.

필자는 부화온도가 레게의 색소침착에 미치는 영향의 정도를 평가하기 위해, 표준위치(standard position, 직교좌표계의 원점에 꼭지점을 취하고 일변이 표축과 일치)에서 기록을 하고 그 이미지를 디지털화했다. 검정색소의 비율은 이미지의 전체 화소에서 검정화소의 개수로 나눠 계산했다. 해츨링에 있어서 '검정색소의 비율 vs. 부화온도'가 산출한 그래프를 보면 경사가 마이너스로 기울어진 것을 알 수 있는데, 이는 높은 부화온도에서보다 낮은 부화온도에서 훨씬 어두운 새끼를 생산했다는 것을 의미한다 (그림 2 참고). 그러나 레게는 TSD 유형이기 때문에 성별과 부화온도의 관계는 가변적이라는 것을 입증했다고 볼 수 있다.

필자는 성별이 부화온도의 색소침착에 독립적으로 영향을 미치는지 여부를 확인하기 위해 30.5°C(암수 모두 생산되는 온도)에서 생산된 레게를 조사했는

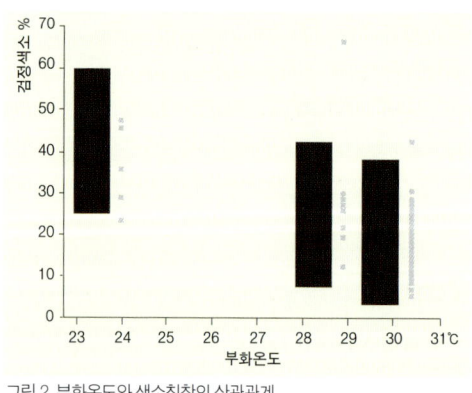

그림 2. 부화온도와 색소침착의 상관관계

데, 조사 결과 검정색소의 비율에 있어서는 암수 사이에 큰 차이가 발견되지 않았다. 필자는 또한 색소침착 패턴의 유전력을 조사했는데, 우선 부모에 있어서의 검정색소의 양이 결정됐고, 그런 다음 이 값들은 새끼들에 있어서의 검정색소의 양과 비교됐다. 검정색소침착의 좁은 의미의 유전력은 27.1%였고, 이는 개별 레게의 색소침착 패턴의 27.1%가 유전임을 의미한다. 어두운 색의 부모가 어두운 색의 새끼를 낳는 경향이 있고, 따라서 레게의 색소침착 패턴은 크게 두 가지에 기인한다. 부모의 색소침착 패턴(예상되는)과 부화온도(반드시 예상되지는 않는) 같은 환경적인 영향이 그것이다.

1. 그림 2의 연구결과는 부화온도가 등의 검정색소에 영향을 미칠 수 있다는 것을 보여준다.   2. 유전학, 부화온도, 스트레스를 포함해 여러 가지 요인들이 레게의 색소침착에 영향을 미친다.

색소침착에 영향을 미치는 또 다른 환경적인 요인이 있으며, 스트레스 호르몬(코르티코스테론 같은 호르몬)의 경우 레게의 밝은 색채를 다소 칙칙하게 변화시키는 원인이 된다. 일례로 하이 옐로우(High-yellow) 어린 개체를 분양받은 경우 번식기가 점점 다가옴에 따라 스트레스 호르몬의 영향을 받아 평범한 수준의 외양으로 변할 수도 있다. 몇몇 성체들은 1년된 개체에서 보이는 색채의 강도를 유지하기도 한다.

또한, 파충류학자 래리 탤런트(Lany Talent)에 의한 최근 연구는 스트레스를 유발하는 과밀환경이 주버나일 개체에서 색소침착에 영향을 미친다는 것을 증명하고 있다. 과밀상황에서 성장한 해츨링은 단독으로 자란 새끼의 경우보다 색상이 덜 다채로운 경향이 있다. 레오파드 게코의 착색 패턴에 있어서 약간의 유전적 구성요소가 분명 존재하지만 부화환경, 부화 후의 환경, 스트레스 등 환경적인 요인도 상당한 영향을 미칠 수 있으므로 특정 레게의 부화이력과 계보를 알지 못하는 상황이라면 해당 레게의 모프는 약간의 주의를 갖고 지켜봐야 한다.

05 section

전문적인 브리딩

자신이 기르고 있는 동물을 번식시키고자 할 때는 주의 깊은 연구와 고민이 필요하다. 레오파드 게코를 번식하고자 하는 이유가 무엇인지 스스로에게 자문해볼 필요가 있는데, 상업적으로 대규모의 개체를 생산하고 싶은 것인지 또는 소규모로 좀 더 가치 있는 모프를 생산하고 싶은 것인지 다시 한번 생각해 보도록 한다. 전문가수준에 있어서의 번식과정은 색상과 패턴의 어떠한 조합이 인간의 마음에 긍정적인 영향을 미치는지의 미학적 기호에 노력의 초점을 맞추게 된다.

상업적인 파충류 브리더로서 소득을 만들어내기 위해서는 마케팅과 세일즈를 필요로 한다. 분양가가 낮은 레오파드 게코를 대량으로 생산하고 싶은 경우, 파충류 중개업자와 같은 잠재적인 구매자와 인연을 맺는 일은 사업의 지속 가능한 생존을 위해 중요한 고려사항일 것이다. 비교적 적은 수의 가치 있는 모프를 생산하는 것이 목적이라면 도태와 선택적 브리딩이 필수적이며, 이외에도 모프를 잘 정착시키고 해당 종의 생장력을 유지하기 위해 새 혈통을 도입하는 것 등이 중요하다는 점을 염두에 둬야 할 것이다.

또한, 전문시장 타깃팅과 연계하는 과정이 수반돼야 하며, 마케팅을 위한 다양한 경로를 모색하는 것이 성공적인 전문브리딩을 위한 표준과제가 된다. 대규모의 상업적으로 어필하는 모프는 일반 구매대중의 선택에 달려 있지만, 새롭고 값비싼 모프의 가치는 브리더 또는 전문시장에 의해 결정된다.

번식개체군의 선택

번식개체군을 선택할 때는 개체의 나이에 따른 장단점을 고려해 결정하도록 한다. 해츨링 개체를 선택할 경우 레게의 해츨링 단계에서는 향후 어떠한 모습의 성체로 성장할지 완전하게 파악할 수 없다는 점을 염두에 둬야 한다. 즉 해츨링 때 하이 옐로우, 정글 또는 스트라이프 모프인 개체라 해도, 이 해츨링이 성체가 됐을 때의 퀄리티는 완전하게 예측할 수 없다는 것이다. 해츨링 개체가 정확하게 사육주가 예상하는 것처럼 성장하지 않을 수도 있기 때문에 번식개체군으로 선택하는 것이 일종의 도박이라고 볼 수도 있겠지만, 반대로 사육주가 기대했던 것보다 훨씬 더 훌륭한 개체로 성장할 수도 있다. 또한, 상대적으로 훨씬 저렴하게 분양받을 수 있다는 것, 해당 번식개체군의 나이를 확실하게 알 수 있다는 장점이 있다.

주버나일 개체는 일반적으로 좀 더 비싸지만, 어떤 모습의 성체로 자라게 될지 거의 예측이 가능하다는 장점이 있다. 또한, 해츨링 개체에 비해 번식을 시작하기까지 오래 기다리지 않아도 되며, 잠재적으로 첫해에 초기투자를 회수할 수 있을 것이다. 마지막으로 분양받는 레게의 나이를 알 수 있다는 것도 장점이 된다. 일반적으로 문제가 되는 경우는, 다 자란 성체 또는 번식이 끝난 개체를 분양받는 것이다. 이러한 개체는 나이가 너무 많을 수 있고 생산율이 낮다는 단점이 있다. 그러나 그 레게가 어떠한 모습을 띠고 있는지 비교적 정확하게 알 수 있다는 것은 장점에 속한다고 볼 수 있겠다.

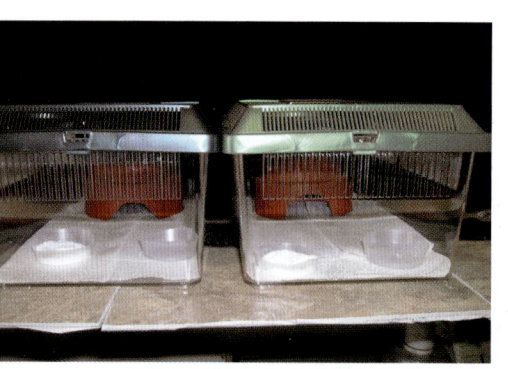

새끼들이 체온조절을 할 수 있도록 사육장 밑에 히팅 매트를 깔아 관리하고 있는 모습

수컷의 가치

인공번식프로그램에서 유전자변이의 도입이라는 측면에서 볼 때, 수컷 레게는 수상경력이 있는 종마 또는 황소와 동일한 가치가 있다. 예를 들어, 여러분이 레게 번식개체군을 가지고 있고, 새로운 아멜라니스틱(amelanistic;알비노) 혈통을 상업적으로 번식시키길 원한다고 가정해보자. 만약 수컷 해츨링을 한 마리 분양받았고 그것을 50마리의 노멀 암컷과 합사시킨 경우, 14개월 내에 500마리의 알비니즘 이형접합체(heterozygous, 헤테로) 레게를 생산할 수 있다. 또 24개월이 지나면 성숙한 헤테로 자손들은 적어도 1000마리의 알비노를 생산할 수 있다(4년 또는 2세대는, 새로운 레게 변이종이 분양가가 하락하기 전에 높은 가치를 유지할 수 있는 시간의 평균 길이임). 반면에 만약 암컷을 분양받은 경우 첫 번째 번식에서 10~12마리 사이의 헤테로 해츨링을 얻게 될 것이다. 그리고 24개월 후에 약 25마리의 알비노 해츨링을 얻게 될 것이다.

훌륭한 수컷은 번식개체군에 새로운 유전형질을 도입하고자 할 때 그 가치가 분명하게 나타난다.

대규모 생산을 계획하는 경우 몇몇 수컷이 필요할 수 있고, 브리더들은 종종 번식개체군에서 생산되는 해츨링 중 수컷의 수를 제한하는 경우 따로 수컷을 도입하기도 한다. 경제적인 구조상 일반적인 수컷은 더 이상 가치가 없을 수 있고 암컷에 비해 가치가 덜할 가능성이 있지만, 퀄리티가 우수한 수컷 또는 개체군에 새로운 유전형질을 도입하기 위한 수컷의 가치는 분명하다고 할 수 있다.

기록의 유지

성공한 브리더의 경우 일반적으로 기록을 잘 유지하는 것을 볼 수 있다. 그들은 레게를 얻은 날짜, 나이 등 성체 레게의 이력을 기록하고, 산란개수와 산란일자는 개별 암컷 또는 번식용기에 따라 기록된다. 훌륭한 브리더는 또한 알 클러치의 정보와 자손의 혈통을 기록한다. 이러한 기록들은 브리더로 하여금 연간 알 생산이 감소할 때 최적의 번식을 위해 번식개체군을 교체할 필요가 있는지 여부를 결정할 수 있게 해준다. 또한, 개체군에서 갑자기 튀어나올 수도 있는 새로운 변이종, 즉 특정 혈통의 기원을 추적할 수 있게 해주며, 제어된 방식으로 선택적으로 혈통을 번식하게 해준다. 요즘은 컴퓨터를 이용해 정보를 쉽게 입력하고 이를 저장하며, 디지털 이미지의 기록을 유지할 수 있게 됐다. 심지어 파충류의 기록을 위해 특별히 설계된 소프트웨어프로그램도 있다.

번식개체군의 관리

번식개체군에 있어서는 최적의 생산을 위한 적절한 관리가 필요하며, 앞서 언급한 기록들을 철저하게 유지함으로써 번식그룹의 생산을 효과적으로 모니터할 수 있다. 성공적인 브리더들은 주기적으로 자신의 번식무리를 인공 양육한 어린 새끼 레게로 교체한다. 암컷은 3~4년간 생산의 절정기를 갖는데, 최적의 환경이 유지될 경우 이 기간 동안 1년에 6~7개의 클러치를 생산할 것이다(일부 브리더들은 절정을 이룬 해에 8개까지의 클러치를 생산했다고 보고한 바 있다). 암컷의 생산 절정기간 동안 총 56개의 알을 생산하는 것이다. 이후 클러치의 생산개수는 감소하기 시작한다.

나이(년)	알의 개수
1	0
2	8
3	12
4	16
5	14
6	10
7	10
8	8
9	6
10	4
11	4
12	0
13	0

왼쪽의 표는 암컷 게게에 대한 장기간의 생산에 관한 내 시다(세부사항을 대표하는 것은 아니지만 전체 패턴은 정확하다). 여러 가지 요인에 따라 해당 연도의 생산수준은 다를 수 있지만, 7~8년 후에 생산량이 크게 떨어진다는 사실에는 변함이 없다. 암컷 레게가 생산할 수 있는 알의 최대 개수는 아직 정확하게 확인되지 않았지만, 아마도 90개에서 100개 사이일 것이다. 번식프로그램에서 생산량을 극대화시키고자 한다면 7년 또는 8년 후에는 번식개체군에서 암컷을 은퇴시키는 것이 바람직하다. 론 트램퍼(Ron Tremper; 레오파드 게코 전문브리더로 레게의 대부로 불린다)에 따르면, 가장 적절한 일반적인 지침은 암컷이 70개의 알을 낳은 후에는 개체군에서 은퇴시키고 다른 암컷으로 교체해주는 것이다.

Chapter 07

레오파드 게코의 주요 종

레오파드 게코의 모프를 분류하는 기준에 대해 살펴보고, 현재 개량된 아름다운 모프의 기본적인 종류와 특징에 대해 알아본다.

01 section

모프의 분류

레오파드 게코는 현재 전 세계적으로 가장 널리 사육되는 반려파충류라고 해도 과언이 아니다. 따라서 피충류시장 분야의 성장에 따라 레게의 유전적 가능성이 제기되고, 이것이 지속적인 모프의 개량으로 이어진 것은 자연스러운 결과라고 볼 수 있다. 1990년에는 파충류시장에서 구할 수 있는 유일한 모프가 하이 엘로우(High yellow; 때때로 꼬리 시작부분의 상단 주위에 작은 범위의 오렌지색이 보이는, 몸통이 강렬한 노란색 또는 금색이 주를 이루는 단순한 노멀 패턴 레게였다) 개체였으나, 지금은 수없이 많은 모프를 접할 수 있게 됐고 앞으로도 더욱 다양한 모프가 개량될 것이다.

이번 장에서는 색상과 패턴에 따른 레오파드 게코의 기본적인 모프에 대해 간략하게 알아보도록 한다. 레오파드 게코의 다양성을 설명할 때 일반적으로 색상, 패턴, 모프라는 용어가 사용되는 것을 볼 수 있는데, 여기서 색상은 레게의 피부가 지닌 기본적인 색을 말하며, 패턴은 검은 반점의 배열에 의해 생성된 디자인을 일컫는다. 모프(morph, phase라고도 한다)는 레오파드 게코의 외양에 영향을 미치는 선택적 번식에 의해 생산된 변이종을 의미한다.

디자이너 레오파드 게코의 탄생

필자는 1978년에 필자의 첫 번째 성체 레게를 얻었고, 이 글을 쓰는 현재까지 어떠한 개체도 추가로 도입하지 않은 채 20세대를 번식해왔다. 이 레게들은 동종이계(allogeneic)로 교배됐는데(이는 그들이 하나의 '친척그룹' 또는 '혈통'이라는 뜻이다), 동종이계방식으로 번식하는 경우 결국 주어진 개체군에 있어서 특정한 열성 또는 숨겨진 특성이 드러나게 된다. 필자의 경우 1991년에 위의 번식개체군에서 머리부터 꼬리뿌리까지 흐르는 두 줄의 검은 세로줄무늬를 가진 새끼가 무작위로 부화됐다.

불완전한 줄무늬를 띤 이 암컷을 다시 아빠개체와 번식시켰고, 그 결과 최초의 줄무늬 및 정글 모프의 개체가 나왔다. 보통 꼬리에 4~5개의 고리가 있는 것과는 달리 이 개체는 필자에게 다른 꼬리패턴을 보여준 첫 번째 레게였다. 등 쪽에 고립 된 흰색의 꼬리 반점을 가지고 있었고, 하나는 꼬리의 끝부분에 완벽한 직선자 모양의 흰색 줄무늬를 가지고 있었다. 이후 점차 선택적 번식을 통해 많은 종류가 파충류시장에 빠르게 등장했고, '디자이너 레오파드 게코(designer leopard gecko)'라는 용어가 탄생했다.

새로운 모프의 선택

이름에서 알 수 있듯이, 레오파드 게코는 일반적으로 노란색을 띠는 몸통에 검은 반점이 퍼져 있는 도마뱀이지만, 현재 파충류시장에서는 매우 다양한 색상 및 패턴을 지닌 레게를 쉽게 접할 수 있다. 이처럼 다양한 모프의 레게를 볼 수 있게 된 것은 숙련된 전문브리더들이 유사한 패턴을 지닌 개체를 이용해 선택적 번식을 시도함으로써 이뤄낸 결과이며, 앞으로도 레게의 모프는 더욱 다양하게 개량돼 나올 것으로 보인다.

전혀 새로운 모프를 접했을 경우 그 개체의 선택 여부를 결정하고자 할 때는 오로지 자신의 판단을 기준으로 모프를 평가하고, 본인의 느낌이 이

사진과 같은 알비노 개체의 특성은 1996년에 최초로 소개됐다.

끄는 대로 결정하는 것이 바람직하다. 본인이 선택한 레게의 모프가 어떠한 것이든, 그 모프가 자신의 마음에 들고 개체가 지닌 아름다움을 스스로 인정한다면, 여러분은 자신에게 맞는 모프의 레게를 잘 선택한 것이라고 볼 수 있다.

선택적 번식의 다양성과 부작용

레오파드 게코에 있어서 이뤄지고 있는 패턴 및 색상의 개량은, 다양한 종류의 동물을 기르는 사육주들 사이에서 오랜 시간 이어져 내려온 경향을 반영한다. 애호가들은 선택적 번식(selective breeding)을 통해 뱀, 물고기, 새, 포유류의 색상과 기타 외형적 특성을 오랫동안 인위적으로 개량해왔다. 사실 선택적 번식은 돼지, 소, 말, 닭 등을 포함해 상업적으로 중요한 모든 동물의 가축화를 도모한 방식이며, 브리더들은 침착한 기질 또는 높은 우유생산력과 같은 형질을 선택함으로써 동물의(또는 식물의) 이용가치와 사육 하에서의 적응력을 높이기 위해 노력해왔다.

선택적 번식의 결과로 발생하는 유전자의 변화는 반려동물에 있어서는 바람직하지만, 자연에서 독립적으로 살아가는 개체에 있어서는 비참한 결과를 초래할 수 있다. 예를 들어, 양식 연어의 경우 자연산 연어보다 훨씬 크게 자라게 되는데, 크기가 커짐과 동시에 생식능력은 저하된다. 연어 암컷은 번식기에 수컷을 선택할 때 크기를 우선 확인하기 때문에, 탈출한(흔히 발생한다) 양식 연어 수컷은 일반적으로 야생의 수컷보다 훨씬 더 많은 암컷과 교미를 하게 된다. 따라서 양식 연어 수컷은 생식능력저하와 관련한 유전자를 자손에 전하게 되고, 이는 시간이 지남에 따라 전체 종에 대해 심각한 결과를 초래할 수 있는 요인이다. 따라서 파충류나 물고기 같은 동물(엄밀히 말해 야생동물이라는 점을 고려할 때)을 사육하는 사육주들은 어떠한 이유로도 인공번식된 개체를 자연서식지에 풀어주는 행위를 해서는 절대 안 된다는 점을 명심하자.

이와 같은 새로운 모프에 대한 희소성의 가치는 빠르게 변한다.

02 section

패턴에 따른 모프

필자는 필자가 보유하고 있는 디자이너 레게 무리를 번식시킬 때 처음부터 패턴과 관련된 두세 가지의 열성형질을 선택했는데, 이 열성형질들은 어두운 머리 반점, 옐로우 또는 오렌지의 밝은 체색, 이상한 패턴의 수를 감소시켰다. 이러한 현상을 통해 필자는 모든 레게에서 나타나는 다양함이 기본적으로 단순한 열성유전자 쌍의 결과라는 것을 발견했다. 일반적으로 부모개체가 모두 변이종일 경우 부모를 닮은 새끼를 얻게 된다. 그러나 만약 야생 레게를 변이종과 번식시키는 경우, 야생형 부모가 열성형질을 이어주지 않는다면 변이종은 감춰지게 될 것이다. 파충류시장에서 현재 볼 수 있는 기본적인 패턴 모프는 다음과 같다.

노멀(Normal)
노멀 패턴(야생에서 볼 수 있는 전형적인 패턴) 레게는 몸통에 두 줄의 어두운 가로 밴드가 있고, 밝은 크림색 또는 황갈색 컬러로 혼합된 어두운 반점이 몸통과 머리에 산재해 있으며, 어두운 색의 꼬리 링을 3~4개 가지고 있다. 야생타입 패턴은 해츨링일

노멀 베이비(왼쪽). 파충류시장에서 칙칙한 색상의 야생 원종에 비해 색상이 밝아진 노멀 개체가 유통되고 있는데, 원종의 특징은 그대로 가지고 있다. 정글 레게(오른쪽)는 등 쪽의 불규칙한 패턴과 링이 없는 꼬리가 특징인 모프다.

때는 100% 분명하게 나타나는데, 나이가 들면서 점차 희미해진다. 어두운 밴드와 링은 성성숙에 이르면 자주색 또는 보라색의 그림자로 나타날 수 있다. 밝은 크림색 또는 황갈색 반점은 정형화된 패턴으로 나타나지는 않는다.

정글(Jungle)

레오파드 게코 정글 모프는 패턴이 매우 다양하게 나타나는 특이한 변이종으로서 몸통에 불규칙적이고 비대칭인 어두운 얼룩이 나타나고, 고리가 없는 꼬리를 가지고 있다. 시지에 이두운 굵은 반짐이 있으며(이 패턴 변이종으로부터 최초의 완전한 스트라이프 레게가 개량됐다), 정글 모프가 지닌 형질은 줄무늬 형질에 지배적이다. 1994년에 생산된 정글 모프 암컷은 독특한 모양의 머리, 일반적인 꼬리 길이의 약 2/3가 뭉툭한 꼬리를 가지고 있었다. 이 개체는 불임이었는데, 이러한 조건은 아마도 암컷에서 보이는 특유의 몸통 모양과 유전적으로 연관이 있는 것으로 보인다.

정글 레게는 위장무늬를 연상시키는 임의의 패턴에 연결된 검은 반점을 갖고 있지만, 노란색과 검은색만 이용된다. 정글 모프의 가장 좋은 예는 검은색으로 이뤄진 매우 드물고 불규칙한 패턴과 함께, 밝은 노란색 영역을 넓게 가진 레게다. 정글 모프는 자연스럽게 연결된 점으로 패턴화돼 특이한 디자인을 생산하는 데 적합할 수 있다. 정글 모프 레오파드 게코는 같은 개체끼리도 비슷하게 보이지 않을 정도로 패턴이 불규칙으로 나타나며, 번식을 위해 특이한 표본을 억제하는 브리더의 경우 매우 다양하고 독특한 디자인을 생산할 수 있다.

스트라이프(Striped)

스트라이프 모프는 등 쪽에 밝은 색상의 세로줄무늬가 있는 특이한 변이종으로서 더 이상의 설명이 필요 없을 정도로 대중적으로 잘 알려져 있다. 많은 종의 파충류, 특히 뱀에서 매우 일반적으로 볼 수 있는 모프다. 이 매력적인 레게는 머리에서부터 등을 따라 꼬리의 시작부분까지 이어지는 밝은 색상의 스트라이프를 가지고 있다. 얇은 검은색 줄무늬가 이 밝은 줄무늬 양쪽에 테두리를 이루고 있다. 줄무늬는 목에 있는 흰색 링과 합쳐지고, 꼬리 또는 꼬리 끝의 뿌리로 이어진다.

척추의 밝은 색 스트라이프가 목의 흰색 링과 완전하게 합쳐지는 개체가 진정한 스트라이프로 인정되며, 그렇지 않은 경우 불완전한 스트라이프 모프로 간주된다. 스트라이프 모프는 일반적으로 고리가 있는 꼬리 패턴이 나타나지 않으며, 꼬리에는 스트라이프 또는 얼룩이 완전하게 나타나거나 부분적으로 생길 수도 있다. 줄무늬를 생산하는 것은 까다로운 작업이 될 수 있기 때문에 시중에서 스트라이프 모프의 레오파드 게코를 찾는 것은 쉽지 않다.

역스트라이프(Reverse striped)

1997년 최초로 개량된 역스트라이프 모프는 이름에서 알 수 있듯이 스트라이프 모프와는 정반대의 형태를 띠는 변이종이다. 몸통과 꼬리 색에 있어서 스트라이프와 완전한 반전을 나타내며, 등 쪽에 어두운 색의 세로줄무늬를 가지고 있다. 등에서

스트라이프 레게(왼쪽)는 정글 모프 레게로부터 선택적 번식을 통해 개량된 모프로서 유전적으로 패턴 모프를 고정시키는 것은 일반적으로 매우 어렵다. 오른쪽은 스트라이프와 반대되는 형태의 역스트라이프 레게

꼬리에 이르기까지 양쪽 가장자리에 어두운 색상의 스트라이프가 있고, 여기에 흰색 스트라이프 테두리가 둘러져 있다. 이 스트라이프는 목의 흰색 링과 합쳐지고, 꼬리 뿌리에서는 흩어질 수도 있다. 꼬리는 주로 흰색이며, 등 쪽의 어두운 얼룩 또는 스트라이프가 꼬리에 동시에 나타난다.

패턴리스(Patternless)

패턴리스 레게는 반점이나 밴딩 없이 노란색을 띠는 특이한 변이종으로서 모든 어두운 색소의 반점과 패턴이 부족하고, 눈은 일반적인 색깔을 띤다. 이 모프의 레게는 갓 태어난 해츨링 때는 반점이 있고 검은 색소를 띠고 있지만, 나이를 먹어감에 따라 모든 패턴을 잃고 완전히 노란색이 된다. 일부는 훨씬 어두운 노란색이 되기도 한다. 1991년 캘리포니아의 한 브리더가 외형상으로는 정상적인 부모로부터 태어난 특이한 모습의 레게를 발표했는데, 이 개체는 향후 애호가들 사이에서 엄청난 인기를 끌게 되는 소위 루시스틱(Leucistic) 모프라고 일컬어지게 됐다.

패턴리스 레게는 매우 연하거나 크림색인 바탕에, 갈색 또는 황갈색의 큰 얼룩을 가지고 태어난다. 모든 레게에 있어서와 마찬가지로 성장함에 따라 얼룩은 피부

패턴리스 레게는 반점 패턴을 가지고 태어나는데, 이 반점은 성숙해지면서 희미해진다.

속의 색소세포의 움직임을 통해 손실되며, 그 결과 밝은 노란색 몸통과 머리 그리고 부화되면서 가지고 나오는 크림색보다 더 밝은 꼬리 색깔이 두드러지는 레게가 된다. 모든 레오파드 게코에 있어서 어느 정도 색상을 변경시킬 수 있지만, 어두운 색소를 제거할 때 이러한 색상변화가 훨씬 더 분명하게 나타난다. 최고의 퀄리티를 지닌 루시스틱 레게는 순간적으로 청동 색상으로 보이다가 매우 밝고 아름다운 색상의 보석처럼 보일 수도 있다. 그러나 이러한 형태의 일부는 성체가 돼도 계속해서 어두운 갈색을 유지한다. 패턴리스의 또 다른 변형은 모든 어두운 반점과 밴드를 잃게 된 형태인데, 이는 루시스틱보다는 다른 유전자에 기인한다.

패턴리스 레게들은 현재 수요가 감소되고 있는 추세다. 처음 이 모프가 유통됐을 때 분양업자들이 실수로 이 모프의 레게에게 '루시스틱'이라는 이름을 붙였는데, 일부 사육주들은 이 용어를 계속해서 사용하고 있지만, 이 레오파드 게코들이 진정으로 패턴리스 모프를 띠게 된다면 더 이상 루시스틱이라는 이름으로 불리지 않게 될 것이다. 알비노 패턴리스 또는 아멜라니스틱 패턴리스 레게는 알비노와 패턴리스 레게를 동계교배(inbreeding; 계통이 같은 생물끼리의 교배)함으로써 개량된 모프로 일반적인 알비노의 반점 및 줄무늬의 흔적이 없고 크림색상을 띤다.

패턴리스 레게 성체로서 어두운 패턴이 부족한 것을 알 수 있다.

03
section

색상에 따른 모프

색상변화는 변이종 레오파드 게코에 있어서 현재 유행하고 있는 개체군의 가장 중요한 측면이라고 볼 수 있다. 해츨링 개체의 머리 꼭대기와 눈 사이에 보이는 밝은 청색 또는 청록색은 일반적으로 나타나는 것으로서 나이가 들면서 점점 옅어지다가 사라지게 된다. 레오파드 게코를 포함한 파충류의 번식에 있어서 놀라운 점은, 선택적 번식을 통해 전문브리더뿐만 아니라 초보사육주의 경우라도 매우 다양하고 아름다운 색상의 개체를 생산해낼 수 있다는 것이다. 파충류시장에서 현재 볼 수 있는 기본적인 색상 모프는 다음과 같다.

노멀(Normal)

노멀 레게는 블랙, 브라운, 자주색조, 크림색 채색을 가지고 있다. 야생채집개체 또는 노멀 모프 레게는 밝은 크림 또는 옅은 갈색채색과 함께 부드러운 블랙, 브라운, 자주색조가 혼합돼 있다. 야생개체는 파충류학자가 매년 새로운 표현형(관찰 가능한 신체적 특징)으로 표현하고 있는 다수의 열성유전자를 포함하고 있다.

하이 옐로우 레게는 파충류 애호가들에게 많은 사랑을 받고 있는 모프다.

하이 옐로우(High yellow)

하이 옐로우는 밝은 노란색 몸통에, 다른 레오파드 게코에 비해 반점이 적은 변이 종으로서 모든 패턴 모프에 나타나는 매우 밝은 노란색 또는 금색의 바탕을 갖고 있다. 골든(golden), 하이퍼잰식(hyperxanthic)과 같은 이름은 동일한 하나의 모프를 칭하는 것이지만, 번식혈통이 다름을 나타낼 수 있다. 하이 옐로우 모프는 몸과 머리에 나타나는 작은 어두운 반점이 대부분 부족한 레게에서 그 색상이 나타날 때 매우 아름다운데, 이 색상은 모든 패턴에서 나타날 수 있는 요소다.

하이 옐로우는 해츨링 때 뒷다리를 검사함으로써 확인할 수 있으며, 만약 대퇴골(몸통부터 무릎관절까지의 영역)이 완전히 노란색(다리 꼭대기에 전통적인 어두운 줄무늬가 누락된 것)이면 새로 태어난 새끼는 하이 옐로우가 될 것이다. 이 모프는 브리더에 따라 상당히 다양한 형태로 나타나는데, 일부는 다른 개체에 비해 반점을 더 적게 갖고 태어나는 경우도 있다. 하이 옐로우는 일반적으로 레오파드 게코의 표준형이 되고 있으며, 반점이 적은 개체일수록 가격대가 더 높아진다.

오렌지/탠저린(Orange/Tangerine)

오렌지와 탠저린은 꼬리 뿌리의 앞쪽에 오렌지 색소를 가지고 있는 모프다. 색상 변화의 양상이 같지만 다른 브리더에 의해 개량된 혈통의 레게이며, 같은 유전자에서 파생됐다. 다수의 번식개체군에서 꼬리 뿌리 앞쪽에 나타나는 이러한 오렌지 색상을 얻기까지 수년 동안 혈통번식이 진행됐다. 1996년 성체에 있어서 몸통에 나타나는 오렌지색의 양을 상당 수준으로 개량하는 데 성공한 이후, 정도의 차이는 있지만 오렌지 색상은 레게 꼬리에 일반적으로 나타나게 됐다. 향후에는 오렌지와 검정, 오렌지와 자주, 오렌지와 노란색의 조합이 완전하게 나타나는 모프의 개량에 성공할 것으로 보이며, 완전히 밝은 빨간색 레게의 개량도 가능하다.

탠저린 레게에 있어서는 오렌지 색소가 많을수록 분양가가 더 비싸진다. 브리더들은 일부 레게의 뒤쪽 다리에 작게 나타난 오렌지색 영역을 발견한 후 탠저린 모프를 개량했는데, 이러한 색상 영역을 고정시키고 각 세대에 있어서 오렌지 색소의 증가를 유발하는 번식의 결과가 주목되고 있다. 탠저린 레게는 사육주들 사이에서 매우 인기가 많은 모프이며, 수요 또한 매우 높다.

랩터(R.A.P.T.O.R.)

2004년 레오파드 게코 전문브리더 론 트램퍼(Ron Tremper)에 의해 개량된 모프로서 오렌지색을 띠는 패턴리스 알비노인 앱터(A.P.T.O.R., Albino patternless Tremper orange)와 같은 모프

1. 데이비드 니베스에 의해 개량된 혈통의 대표적인 패턴이다. 위쪽은 탠저린 레게이고 아래쪽은 오렌지 색조를 지닌 레게 2. 랩터

화이트 레게는 파충류시장에서 스노우 레게로도 불린다.

다. 앱터가 붉은 눈을 가졌을 때 랩터(Red-eye albino patternless Tremper orange)라고 일컫는데, 랩터로 규정짓는 특성인 붉은 눈은 단순열성유전자다(앱터는 종종 탠저린과 슈퍼 하이포멜라니스틱에 포함시키기도 하는데, 굉장히 밝은 오렌지색 또는 노란색을 띨 수 있다).

화이트(White)

화이트 모프는 성체에 있어서 블랙과 화이트 색상이 우세하게 나타난다. 하이포멜라니스틱(Hypomelanistic, 멜라닌의 부족) 또는 스노우(Snow) 레게는 레게의 색상변화에 있어서 화이트 클래스로 분류되는데, 해츨링 때 블랙과 화이트를 띤다. 성체가 돼도 색상이 여전히 남아 있으며, 검은 색소의 양은 선택적 번식으로 인해 변할 수 있다. 화이트는 모든 패턴에서 표현될 수 있다.

라벤더(Lavender)

라벤더 모프는 피부의 흰색 영역에 라벤더(Lavender, *Lavandula spp.*; 쑥 냄새 비슷한 향이 나고 연보라색 꽃이 피는 화초) 색조를 띠는 경향이 나타난다. 여러 세대에 걸친 선택적 번식으로 크고 밝은 라벤더 영역을 지닌 레게가 개량됐다. 라벤더 색상은 성체에 있어서 크림 또는 노란색 바탕에 주로 몸통과 꼬리에 보라색조를 가지고 있을 때 표현된다. 라벤더는 몸통과 꼬리 영역에 어두운(거의 검은색) 밴드에서 발생하는 변화의 자연적인 결과로, 해츨링 때 노멀 또는 밴디드 하이 옐로우 모프와 비슷한 외양을 띤다. 레게가 성장함에 따라 색소세포가 이동하고, 그 결과는 밝은(크림색 또는 하이) 노란색 바탕에 선명하고 큰 보라색 얼룩으로 나타날 수 있다.

고스트(Ghost)

고스트는 색이 매우 바랜 모습을 보이는 모프를 말하며, 어두운 색소가 크게 감소

라벤더 밴드를 지닌 레게

고스트 레게

된 레게다. 고스트 레게는 총길이가 12.7~15.3cm 크기에 도달한 후에 이러한 색상이 표현된다. 해츨링 때는 거무스름하게 보이기 시작하지만, 성장할수록 색이 더 밝아지고 바래진다. 이렇게 색이 엷게 바래는 것은 유전적인 원인에 의한 것으로 건강과 직접적인 연관은 없다. 산란시기의 암컷이 영양결핍을 겪고 있는 경우 자연적으로 색상이 바래는 현상이 나타나는데, 이 경우와 혼동하지 않도록 하자.

멜라니스틱(Melanistic)

멜라니스틱 레게는 패턴이 적거나 아예 없고, 거의 완전히 검은색 또는 매우 어두운 색을 띤다. 갓 태어난 해츨링 때는 하얀 입술과 완전히 검은 뒷다리를 가지고 있고, 두드러지는 몸통 반점 사이의 공간은 성숙해지면서 어두운 노란색으로 바뀐다. 현재 다수의 브리더들이 블랙 모프 레게를 개량하고 있는 중인데, 더 밝고 가벼운 색상의 레게가 개량되고 몇 년 후 일부 브리더들은 연속적인 세대에 걸쳐 어두운 레게를 유지함으로써 '올 블랙' 레게를 개량할 수 있다는 것을 발견했다.

많은 야생채집개체가 인공번식된 개체보다 훨씬 더 어두운 색상을 띠는데, 심지어 일반적으로 인공번식된 레게 중에서 가장 어두운 개체도 야생개체에 비하면 상대적으로 밝은 편이다. 몇몇 브리더가 이러한 레게의 가장 어두운 개체를 선택적으로 번식했는데, 아직 이러한 개체에 대해 정해진 이름은 없지만 블랙 팬서(Black panther)라는 이름으로 불릴 것으로 보인다.

검은 색소가 과다한 밴드를 지닌 멜라니스틱 레게는 흥미로운 채색을 보여주는 모프다.

아멜라니스틱(Amelanistic)

아멜라니스틱은 유전적으로 멜라닌이 부족한 알비노(Albino) 레게를 일컫는다. 아멜라니스틱(또는 알비노) 레게는 분홍색 눈을 가지고 있고 크림색 체색을 띤다. 수십 년 동안 파충류학자들은 세계 최초의 상용 알비노 레게를 꿈꿔왔고, 몇몇 브리더들이 일반적으로 비슷한 시기에 알비노를 번식하는 데 성공했다.

사육 하에서 부화된 최초의 알비노 레게는 1996년 9월 캘리포니아의 브리더에 의해 생산된 개체로서 야생에서 채집·수입된 두 마리의 이형접합체(heterozygous, 헤테로; 특정한 유전자에 있어서 질이나 양, 배열의 순서 따위가 다른 배우자의 접합으로 생긴 개체를 일컫는다) 레게의 자연스러운 교배를 통해 무작위로 발생한 것이다. 사육 하에서 이와 같이 독특하고 희귀한 변이종에 대한 브리더들의 번식 노력은 계속됐고, 그 결과 알비노는 현재 파충류시장에서 쉽게 구할 수 있는 모프가 됐다.

알비노 레게 새끼

또한, 수컷 알비노는 네바다(Nevada)의 한 브리더에 의해 1998년에 무작위로 생산됐는데, 이 수컷의 부모는 1996년 야생에서 채집·수입된 성체와 동일한 그룹으로까지 거슬러 올라갈 수 있다. 알비니즘을 띠는 이형접합체 레게는 이 장을 읽는 많은 사육주들의 가정에서 일반적으로 길러지고 있다고 해도 과언이 아니며, 어쩌면 여러분 중에서 놀라운 알비노 전문브리더가 탄생할 수도 있을 것이다.

일반적으로 애호가들 사이에서는 파충류의 알비노 형태를 소유하는 것에 대해 관심이 많기 때문에 브리더들은 알비노 레오파드 게코의 대규모 번식을 장려할 것으로 예상된다. 알비노 색상이 추가됨으로써 향후 몇 년 동안 놀라운 방식으로 다양한 모프의 변화를 가져오게 될 것이다. 매우 짧은 시간 내에 알비노 줄무늬를 보게 될지도 모르고, 결국 무늬가 없고 순수한 흰색인 알비노 스노우 레오파드 게코를 볼 수 있게 될지도 모르는 일이다.

〈레오파드 게코의 다양한 모프〉

〈레오파드 게코의 다양한 모프〉

루시스틱(Leucistic)

루시스틱은 알비노와 비슷해 보이지만, 멜라닌색소가 결핍된 알비노와는 달리 멜라닌색소를 가지고 있으면서 발현되지 못했거나 감소된 모프이며, 검정 또는 청색의 눈을 가지고 있다는 점도 다르다. 진정한 루시스틱 레게는 성체가 됐을 때 피부의 전체가 완전한 화이트 색상을 이루는 것이다(블리자드-Blizzard-가 이러한 형태를 띤다). 몸에 나타나는 패턴이 흐려지거나 없어지기 때문에 패턴리스(피부표면이 홍색소포 - iridophores, 홍색소포는 빛의 회절반사를 일으키는 물리적 속성을 통해 색상에 기여한다 -에 의해 지배된다)라고 불리기도 한다. 레게가 빨리 성숙하고 다산하는 특성을 가지고 있어서 비교적 짧은 시간 내에 개량된 모프다.

스노우(Snow)

스노우 레게는 노란색 대신 흰색 바탕이 드러난다는 것을 제외하고 일반적인 색상 패턴을 가지고 있다. 스노우는 바탕의 황색색소가 부족(잰식-xanthic-이라고 한다)하기 때문에 화이트 패턴에 블랙이 매우 뚜렷한 대비를 이룬다. 스노우는 동형접합체(同形接合體, homozygote; 각각의 부모로부터 유전자를 이어받음)일 때만 검은 눈을 갖고 자신을 완전하게 표현하게 되는 불인견힌 지배력을 보낸다. 즉 슈퍼 스노우 유전자를 한 개만 이어받은 스노우는 맥 스노우(Mack snow)로 검은 눈을 갖고 있지 않고, 두 개 이어받은 스노우는 맥 슈퍼 스노우로 검은 눈을 갖고 있다.

루시스틱(블리자드)　　　　　　　　　　　하이퍼 스노우

부록

눈꺼풀게코의
여러 가지 종

레오파드 게코와 함께 눈꺼풀게코에 속하는 대표적인 종에 대해 간략하게 살펴보고, 사육 시 주의해야 할 사항에 대해 알아본다.

01 section

아프리칸 팻테일 게코

아프리칸 팻테일 게코(Africm fat-tailed gecko, *Hemitheconyx caudicinctus*)는 눈꺼풀게코 중에서 레오파드 게코에 이어 두 번째로 많이 길러지고 있는 종으로서 풍부하고 미묘한 색상, 크고 검은 눈, 온순한 성격과 함께 부드러운 외양으로 게코 마니아들에게 많은 사랑을 받고 있다. 주로 인공번식개체가 분양되고 있는 레오파드 게코와는 달리, 아프리칸 팻테일 게코의 대부분은 서아프리카에서 수입(미국의 경우)된 개체이기 때문에 세심한 적응과정이 필요하다. 수입개체의 경우 질병과 부적절한 관리로 인해 상당수가 폐사되지만, 일단 적응이 된 후에는 적절한 환경에서 관리될 경우 레오파드 게코 못지않게 튼튼하다.

생물학적 특성

아프리칸 팻테일 게코는 나이지리아에서 세네갈로 이어지는 서아프리카에 서식하고 있다. 아프리칸 팻테일 게코의 학명인 헤미테코닉스 카우디킨크투스 (*Hemitheconyx caudicinctus*)의 어원은 그리스어로 '*Hemi*=half or divided(반 또는 분

1. 아프리칸 팻테일 게코는 인기 있는 또 다른 게코 종으로서 아름다운 새 모프로 애호가들의 흥미를 사로잡으며 부상하고 있는 게코계의 스타라고 할 수 있다.   2. 하이옐로우 루시스틱 아프리칸 팻테일 게코. 루시스틱 모프는 이 모프를 잘못 묘사한 용어일 수 있다.

할), theconyx=box claw or nail(상자발톱), caudicinctus=ring tailed(고리 모양 꼬리)'를 뜻한다. 레오파드 게코와 마찬가지로 움직이는 눈꺼풀을 가지고 있고 박막층이 부족하며, 몸통이 두툼하다.

수컷은 암컷보다 약간 더 크게 성장하는데, 수컷의 경우 총길이 25.4cm까지 성장할 수 있고, 암컷은 20.3cm 이상 성장하는 경우는 거의 없다. 수컷의 머리는 암컷에 비해 약간 더 크고 넓으며, 목은 암컷보다 다소 두껍다. 암수의 성별을 구별하는 가장 신뢰할 수 있는 방법은 꼬리 뿌리에 위치한 V자 모양의 서혜인공(10~13개)과 부푼 돌기를 확인하는 것이다. 수컷의 경우 생후 몇 주가 지나면 10배화대 현미경으로 서혜인공(鼠蹊鱗孔, femoral pore: 분비샘이 있는 조그만 돌기 같은 비늘을 말하며, 흔히 대퇴모공이라고 불리기도 한다)을 확인함으로써 성별을 구분할 수 있다.

밴디드 모프(banded morph), 밝은 흰색의 스트라이프가 등 한복판을 가로지르는 특징을 지닌 화이트 스트라이프 모프(white-striped morph)의 두 가지 패턴 모프가 현재 파충류시장에서 인정되고 있다. 화이트 스트라이프 모프는 기본적인 열성형질로서 일반적인 외양의 동물은 화이트 스트라이프 이형접합체가 될 수 없고, 특징이 나타나지 않는다. 현재 아프리칸 팻테일 게코의 컬러 모프는 노멀 브라운의 밴디드 모프 외에도, 브라운과 오렌지 밴드를 지닌 밝은 오렌지 모프를 접할 수 있다. 최근의 모프는 루시스틱(leucistic)이라는 신조어를 만든 모프로서, 해츨링 때는 밴디드 컬러가 옅게 나타나지만 성숙하면서 희끄무레하게 변하는 특성이 있다.

아프리칸 팻테일 게코를 선택할 때는 활동적이고 눈이 밝으며 기민한 개체인지 확인해야 하고, 꼬리에 지방이 충분히 저장돼 있는지도 살펴봐야 한다. 가늘거나 자절된 꼬리를 지닌 개체 또는 항문 주위에 지저분한 배설물이 묻은 개체는 피하도록 한다. 야생채집개체는 숙련된 파충류 전문가가 아닌 경우 사육 하의 환경에 적응시키는 것이 매우 어려우므로 선택 시 주의를 기울여야 한다. 많은 수입개체들이 탈수, 쇠약, 스트레스, 질병의 증상을 갖고 있으며, 처음에는 건강하게 보일지라도 분양받은 후 첫 몇 주 동안 허약해진다는 점을 기억하도록 하자.

새로운 환경에 적응시키기

아프리칸 팻테일 게코의 적응을 돕기 위해 사육주가 해야 할 일은 다음과 같다. 우선 각 개체별로 종이타월을 바닥재로 깔아준 사육장을 준비한다. 사육장의 온도는 27.8~29.5℃를 유지하고, 하루 또는 이틀에 한 번씩 사육장 내에 가볍게 분무를 해준다. 레오파드 게코에게 제공하는 것과 같은 방법으로 물과 먹이를 급여하고, 만약 개체의 몸무게가 감소하거나 쇠약해지는 경우 가능한 한 빨리 대변샘플을 채취해 수의사의 진단을 받도록 해야 한다. 수입개체는 기생충감염과 위장염에 노출돼 있을 수 있으므로 개체를 안정시키기 위해서는 반드시 적절한 치료가 이뤄져야 한다는 점을 기억하자. 메트로니다졸을 게코 몸무게 1kg당 100~150mg씩 경구투여하면 기생충의 치료에 효과적이며, 투약 후 2주 째에 반복 투여하도록 한다.

아프리칸 팻테일 게코가 스스로 먹이를 먹을 준비가 돼 있지 않은 경우 바나나베이비푸드, 넥톤 토닉(Nekton-Tonic, 파충류전문용품점에서 구입할 수 있다)에 물을 섞어 부드럽게 혼합한 다음 스포이트로 공급한다. 일반적으로 새로 수입된 게코의 경우 이렇게 부드러운 액체상태로 급여하면 쉽게 섭

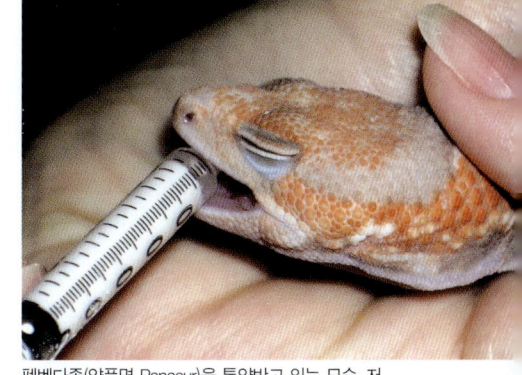

펜벤다졸(약품명 Panacur)을 투약받고 있는 모습. 저항하며 턱을 닫을 수 있으므로 입 가장자리를 아래로 당기고 벌어진 모서리를 따라 소량을 흘려 넣어주는 것이 약물을 제공할 수 있는 가장 쉬운 방법이다. 이렇게 해주면 대부분 게코는 약을 핥아먹을 것이다.

스타버스트(Starburst) 팻테일 게코는 마크 레쇽(Mark Leshock)에 의해 개량된 모프로, 밴딩이 감소된 것이 특징이라고 할 수 있다.

취할 수 있으며, 포스 피딩(force feeding, 강제급여)으로 인한 스트레스 없이 열량과 수분 및 비타민을 공급할 수 있다. 액체 형태의 먹이를 공급할 때는 스포이트로 주둥이 끝에 흘려 넣어주면 떨어진 방울을 핥아서 섭취하게 된다. 게코를 꽉 잡거나 입을 강제로 벌려 목구멍에 직접 붓는 일은 없도록 각별히 주의해야 한다. 약국과 식료품점에서 구할 수 있는 단백질음료를 제공하는 것도 좋다.

상대적으로 활발하고 건강한 개체에게는 하루 또는 이틀에 한 번씩 한두 마리의 귀뚜라미를 핸드 피딩(hand feeding)하는 방법이 권장된다. 핀셋으로 귀뚜라미의 머리를 잡아 비타민/미네랄보충제에 담근 다음, 한 손으로 게코의 머리 뒤를 잡고 다른 손으로 게코의 입 옆쪽으로 귀뚜라미를 찔러 넣어준다. 이때 게코는 입을 벌리고 옆으로 물려고 할 것이다. 입이 벌려졌을 때 귀뚜라미를 넣어주고 즉시 게코를 사육장으로 돌려보낸다. 이러한 방식으로 핸드 피딩을 하면 대부분의 게코는 잘 받아먹는다. 마른 개체에게는 물을 항상 제공해야 하며, 파충류용품 숍에서 구입할 수 있는 전해질용액 중 하나를 선택해 제공해도 된다. 이러한 과정은 한두 달 동안 지속될 수 있으며, 적응기 동안 사육환경을 적절하게 유지하는 것이 중요하다.

사육장 환경의 조성

특별히 중요한 개체의 경우 제대로 적응할 때까지 단독으로 관리하는 것이 권장되고, 그 외의 경우 아프리칸 팻테일 게코를 위한 사육장 환경은 레오파드 게코의 사육장 환경과 동일하다. 레오파드 게코와 마찬가지로 암컷은 그룹으로 관리할 수 있지만, 수컷은 절대 같은 사육장에 함께 관리해서는 안 된다. 아프리칸 팻테일 게코 사육장의 바닥재로는 미세한 등급의 모래와 흙을 혼합한 것을 사용하도록 하며, 비바리움에서도 모래/흙 혼합물을 사용할 수 있다.

아프리칸 팻테일 게코를 위한 은신처로는 습식 은신처가 가장 좋으며, 2.5cm 또는 3.8cm 높이의 낮은 용기(작은 플라스틱 델리컵 또는 마가린 튜브 등)에 젖은 모래로 바닥을 채워주면 간단하게 습식 은신처가 된다. 이렇게 준비한 습식 은신처를 사육장에 넣은 다음 플라스틱 또는 점토 등으로 제작된 은신처(습식 은신처보다 큰 것)로 덮어주면, 작은 은신처의 내부는 습윤한 지역, 작은 은신처 바깥쪽과 큰 은신처 사이의 공간은 건조한 지역으로 조성된다. 아프리칸 팻테일 게코는 레오파드 게코의 경우보다 높은 상대습도를 필요로 하는데, 이러한 타입의 은신처는 내부의 상대습도가 증가하게 되며 팻테일 게코 스스로 바닥재의 습도수준을 선택할 수 있다.

은신처 관리는 성체 사육장의 경우 일주일에 두 번 분무를 해줘야 한다는 점을 제외하고는 레오파드 게코의 경우와 같으며, 주버나일 개체의 경우는 매일 한 번씩 가볍게 분무해 주도록 한다. 한편, 아프리칸 팻테일 게코 사육장의 열원으로 가장 좋은 것은 필름 히터 또는 파충류용 히팅 매트이며, 이러한 열원은 사육장 내부에 27.7~32.2℃ 사이의 온도편차를 형성해주는 데 용이하다. 번식을 준비하기 전에는 20~22.2℃의 시원한 온도에서 관리해야 한다.

먹이의 급여

먹이는 레오파드 게코의 경우와 같은 일정으로 급여한다. 다만 적어도 2주일에 한 번은 핑키(갓 태어난 생쥐) 또는 처비(chubby, 생후 일주일 된 생쥐)를 칼슘에 살짝 담가 제공하도록 한다. 아프리칸 팻테일 게코의 식단에서 핑키의 증가 비율은 번식성공률의 증진에 도움이 될 수 있다. 깨끗한 물은 항상 먹을 수 있도록 제공한다.

아프리칸 팻테일 게코의 번식

아프리칸 팻테일 게코의 번식은 일반적으로 레오파드 게코를 번식시키는 것보다 좀 더 어렵다. 사육 하의 암컷은 미수정란 클러치를 여러 개 생산할 수 있고, 수정란이 완전히 발달하기 전 배아상태에서의 폐사 또는 산란실패 등의 문제가 발생할 수 있다. 따라서 성공적인 번식을 위해서는 사육주가 다음과 같은 사항에 주의를 기울여야 한다. 첫째, 번식을 위한 개체를 선택할 때는 지방이 잘 저장돼 있는지 확

흥미로운 외양을 나타내는 화이트 스트라이프 오렌지 아프리칸 팻테일 게코. 오른쪽 사진은 화이트 스트라이프 오렌지 아프리칸 팻테일 게코 새끼다.

인해야 하며, 암수를 각각 격리해 관리해야 한다. 둘째, 10월 또는 11월에 암수 모두 2달간의 쿨링을 시작한다. 열원의 온도는 낮게 설정해 주위 온도가 20~22.2℃로 떨어지도록 조절한다. 만약 히팅 매트를 사용하고 있는 경우라면, 사육장 아래 일부 지역에 배치하고 설정온도를 낮게 유지하도록 한다. 쿨링 기간 동안 먹이는 제공하지 않도록 하고, 물은 제공하되 분무는 하지 않는다. 셋째, 두 달 동안의 쿨링 기간이 지나면 개체들을 다시 정기적인 관리 스케줄에 따라 관리한다. 암컷에게는 더 자주 먹이를 제공하고(매일), 일주일에 한 번 칼슘에 담근 핑키를 제공하도록 한다.

넷째, 정기적인 관리 스케줄로 돌아온 후 2~3주가 지나면, 3주에 걸쳐 일주일에 한 번씩 하루 동안 수컷 사육장에 암컷을 합사시킨다. 교미가 성공적으로 이뤄진 것이 확인되면 사육장에서 암컷을 꺼내도록 한다. 모든 수컷이 생식능력을 갖고 있는 것은 아니기 때문에 번식을 위한 수컷을 선택할 때는 두 마리 이상 확보하는 것이 좋다. 다섯째, 번식기는 몇 개월 동안 지속될 수 있는데, 이 기간 동안 암컷은 두 개의 알을 포함하는 클러치를 2~7개 생산할 수 있다. 산란한 지 하루나 이틀 내에 수컷과 암컷을 합사하면 다시 교미가 이뤄진다. 암컷은 번식기간 동안 면밀하게 모니터해야 하며, 먹이와 수분을 잘 공급하고 최적의 환경에서 관리할 수 있도록 세심하게 신경 써야 한다.

암컷이 알을 낳을 시기가 되면 산란할 장소를 제공해야 하는데, 덮개가 있는 용기에 젖은 버미큘라이트 또는 모래를 깔아 산란상자(임신한 암컷이 출입할 수 있도록 용기 측면에 구멍을 뚫어준다)를 만들어주면 된다. 팻테일 게코는 산란상자 외에 사육장의 다른 지역에 알을 묻는 경우가 종종 있고, 열원 근처에 묻기도 한다. 따라서 번식기 동안 임신한 암컷의 사육장은 적어도 하루에 두 번씩 점검한다. 팻테일 게코의 알은 탈수가 빠르게 진행될 수 있는데, 많은 브리더들이 사육장을 충분히 점검하지 않아 알을 잃는 경우가 많으므로 주의하기 바란다.

팻테일 게코 알은 레오파드 게코의 경우와 같은 방법 및 같은 온도로 인큐베이팅해야 하며, 권장되는 부화온도는 29.4℃다. 레오파드 게코와 마찬가지로 부화온도는 성별

아프리칸 팻테일 게코 캐러멜 알비노

결정에 중요한 역할을 하며, 31.1~32.2℃의 온도에서 수컷의 비율이 높아진다. 부화기간은 33.8℃에서 39일 반, 28℃에서 72일 반 사이가 된다. 아프리칸 팻테일 게코는 레오파드 게코에 비해 상대적으로 낮은 부화온도를 견딜 수 없는데, 이 점이 아프리칸 팻테일 게코의 번식에 대해 많은 브리더들이 어려움을 느끼는 부분이다. 팻테일 게코의 부화를 위해 허용되는 온도의 최대범위는 28~36.1℃ 사이다.

팻테일 게코 해츨링은 일반적으로 레오파드 게코 해츨링에 비해 더 작고 섬세하므로 플라스틱 케이지에 개별적으로 관리하는 것이 좋으며, 바닥재는 종이타월을 깔아주도록 한다. 해츨링은 첫 번째 탈피(부화하고 3~4일 후)가 이뤄질 때까지는 먹이를 주지 않도록 하며, 이 중간기간 동안 해츨링을 따뜻하게 유지하고 물은 항상 먹을 수 있도록 낮은 접시에 담아 제공한다. 적절한 상대습도를 유지하기 위해 사육장에 매일 한 번씩 가볍게 분무해주고, 작은 은신처를 제공하도록 한다.

첫 번째 탈피가 이뤄진 후 비타민/미네랄보충제로 더스팅한 귀뚜라미(생후 3주 된 개체)를 제공하도록 하며, 먹이급여일정은 레오파드 게코 새끼의 경우와 동일해야 한다. 새끼에게 귀뚜라미를 너무 많이 주거나 너무 큰 개체를 공급하면 정신적 외상을 초래할 수 있으므로 주의해야 한다. 처음에는 2~3주 된(0.6㎝) 귀뚜라미를 공급하는 것이 좋다. 팻테일 게코 해츨링은 겁이 많고 숨는 경향이 강하기 때문에 일부 새끼는 첫 번째 탈피 후에도 먹이를 먹으려 하지 않을 수도 있는데, 핸드 피딩을 꺼리는 새끼의 경우 몸무게가 감소될 수 있으므로 주의를 요한다.

02 section

기타 눈꺼풀게코들

아프리칸 클로드 게코

아프리칸 클로드 게코(African clawed gecko, *Holodactylus africanus*; 아프리카발톱게코)는 굴을 파는 습성이 있고, 매우 큰 눈을 가진 눈꺼풀게코로 최대 10.2cm까지 성장한다. 소말리아 남부에서 탄자니아까지 서식하고 있으며, 주로 모래가 많은 지역에서 발견된다. 최근 몇 년 동안 탄자니아에서 미국으로 소수의 개체가 수입됐는데, 수입된 개체의 대부분은 수컷이다. 아프리칸 클로드 게코의 많은 수가 스트레스를 받고 탈수된 상태로 수입되지만, 기본규칙만 제대로 지켜진다면 대부분은 사육 하에서 잘 적응하게 될 것이다. 사육난이도가 매우 높은 편이라 경험이 많은 전문가들이 다뤄야 하는 종이며, 초보사육자에게는 추천되지 않는다.

사육 시에는 굴이 무너지는 것을 방지하기 위해 약간의 점토와 모래/흙 혼합물을 두텁게 깔아주고 관리해야 하며, 굴의 응집력을 높이기 위해 혼합물에 물을 추가하고 잘 다져줌으로써 상단층을 건조시키도록 한다. 바닥재 면적의 25%가 젖을 수 있도록 사육장 한쪽 끝에 매주 물을 추가해줘야 하며, 바닥재의 두께를 얇게 깔고

아프리칸 클로드 게코

재패니즈 레오파드 게코

습식 은신처를 제공해 관리하는 방법도 선택할 수 있다. 사육장 바닥의 3분의 1은 서브 탱크 히팅 매트로 가열해줘야 한다. 아프리칸 클로드 게코는 하루 종일 은신하는 경향이 있기 때문에 특별한 조명이 필요하지 않다. 먹이급여 시 아프리칸 팻테일 게코와 마찬가지로 2~3주 된 귀뚜라미를 더스팅해주면 쉽게 먹을 것이다. 미국에서 인공번식된 개체이지만, 기본적으로 암컷을 확보하는 것이 어렵다.

재패니즈 레오파드 게코

재패니즈 레오파드 게코(Japanese leopard gecko, *Goniurosaurus kuroiwae splendens*)는 눈꺼풀게코 중에서도 희귀한 종에 속하며, 일본 류큐열도(Ryukyu Islands)의 많은 섬에서 발견된다. 원산지의 이름은 토가게 모노키(Tokage modoki)이며, 최대 15.3cm까지 성장한다. 20~24℃에서 관리하는 것이 가장 적절하고 밤에 15.5℃로 떨어지는 환경도 허용되며, 번식에 성공하기 위해서는 겨울철 약간의 쿨링이 권장된다. 1년에 3~4개의 클러치를 생산하는데, 25.5~26.6℃의 온도에서 관리될 때 2~2.5개월이 지나면 부화된다. 크기가 큰 플라스틱 케이지에서 기를 수 있으며, 축축한 녹색이끼를 깔아주고 코르크바크 은신처를 제공해 관리할 수 있다.

매일 한두 번 사육장에 가볍게 분무해주고, 건조한 지역에서는 사육장 상단 철망부분의 반을 덮어주거나, 방 안에 시원한 가습기를 비치해 사용하도록 한다. 게코가 올라갈 수 있도록 사육장을 가로질러 큰 코르크바크를 설치해주면 좋다. 모든 눈꺼풀게코와 마찬가지로 한 사육장에는 수컷 한 마리만 길러야 하며, 암컷은 한 마리 또는 두 마리 이상 합사해 관리할 수 있다. 최근 몇 년 동안 주홍색 홍채를 지닌 새로운 두 종(각각 북베트남과 중국 남부 출신)이 수입된 바 있다.

말레이시안 캣 게코   센트럴 아메리칸 밴디드 게코

말레이시안 캣 게코

말레이시안 캣 게코(Malaysian cat gecko, Aeluroscalabotes felinus)는 태국, 말레이시아 반도 남쪽과 보르네오섬에 서식하고 있는 종이며, 최대 17.8cm까지 성장한다. 눈꺼풀게코 중에서 가장 독특한 종으로서 반수상생활을 하며, 식물을 타고 올라가는 것이 가능한 발가락을 가지고 있다. 말레이시안 캣 게코는 스트레스를 쉽게 받기 때문에 수컷을 암컷의 사육장에 합사시키는 번식기 동안을 제외하고는 일반적으로 단독으로 관리해야 한다. 높은 상대습도를 요구하는데, 측면에 환기용 구멍을 뚫은 플라스틱 케이지에서 관리하는 것이 가장 좋은 방법이다.

바닥재로는 젖은 녹색이끼와 화분용 흙을 깔아줘야 한다. 은신처와 기어오를 수 있는 나뭇가지 및 낮은 물그릇을 제공하고, 저녁에 한 번 가볍게 분무를 해준다. 이 종은 보통의 온도에서 관리하는 것이 가장 좋지만, 번식기 전 컨디션을 위해 최대 8주 동안 약간 차고 건조한 조건에서 관리해야 한다. 높은 상대습도는 번식을 자극하므로 온도를 올려주고 좀 더 자주 분무를 해준다. 몇몇 게코전문가들이 이 종의 번식에 성공한 바 있으므로 향후에는 좀 더 쉽게 접할 수 있게 될 것이다.

센트럴 아메리칸 밴디드 게코

센트럴 아메리칸 밴디드 게코(Central American banded gecko, Coleonyx mitratus)는 수입이 가끔 이뤄지는 눈꺼풀게코 종으로 현재 애호가들 사이에서 적은 수가 길러지고 있다. 수입 시 기생충에 대한 수의과적 치료를 필요로 하지만, 일단 적응하면 강건하고 관리하기가 쉽다. 과테말라에서 코스타리카까지 서식하고 있으며, 15.5cm까지 성장한다. 플라스틱 케이지에서 쉽게 관리할 수 있고, 또는 이탄 모래혼합물

투손 밴디드 게코

텍사스 밴디드 게코

을 바닥재로 깔아준 비바리움에서 관리할 수 있다. 젖은 녹색이끼를 깔아준 영역과 은신처를 제공하고, 하루에 한 번 저녁에 분무를 해준다. 3주짜리 귀뚜라미를 보충제로 더스팅해 급여하면 잘 자라며, 사육장 내의 온도는 23.3~27.8℃를 유지해준다. 이 종은 사육 하에서 번식이 매우 잘 되는데, 일 년에 7개까지의 클러치를 생산하며 알은 레오파드 게코와 마찬가지로 25.6~27.8℃에서 부화될 수 있다. 어린 새끼는 뚜렷하게 대비되는 노란색 밴드와 함께 부드러운 브라운 컬러를 지니고 있어서 매우 매력적인 모습을 띤다. 경계심이 많고 핸들링이 어렵다.

관련 종인 유카탄 밴디드 게코(Yucatan banded gecko, *Coleonyx elegans*)를 가끔 접할 수 있는데, 파충류 전문가인 데이비드 펄로윈(David Perlowin)에 따르면 비타민D3에 대한 내성이 낮다는 점을 제외하고 유카탄 밴디드 게코의 관리는 센트럴 아메리칸 밴디드 게코의 경우와 유사하다.

투손 밴디드 게코, 텍사스 밴디드 게코

투손 밴디드 게코(Tucson banded gecko, *Coleonyx variegatus bogerti*)와 텍사스 밴디드 게코(Texas banded gecko, *Coleonyx brevis*)는 야생에서의 남획으로 인해 개체 수가 현저히 감소한 종으로 좀처럼 구하기 어렵다. 이러한 이유로 브리더들의 관심을 상대적으로 덜 받는 종이지만, 상당히 매력적인 가치를 지닌 게코라고 할 수 있으며, 몇몇 종은 작은 도마뱀을 관리하는 데 관심이 있는 사육주들에게 매우 이상적인 크기를 지니고 있다. 아주 작은 귀뚜라미(0.3~0.6cm 크기)를 먹이로 제공해야 한다는 점을 제외하고 레오파드 게코와 동일한 방법으로 관리할 수 있다. 레오파드 게코의 경우처럼 선택적 번식을 통해 아름다운 모프를 생산할 수 있는데, 쿨링과 선택적 번식을 위해 겨울 동안 짧은 광주기에 노출돼야 한다.